Fale Tudo em Espanhol!

VEJA
COMO ACESSAR
O ÁUDIO
p.245

CECÍLIA BLASCO

Projeto e coordenação editorial: José Roberto A. Igreja

Fale Tudo em Espanhol!

Um guia completo de conversação para você se comunicar no dia-a-dia, em viagens, reuniões de negócios, eventos sociais, entrevistas e muitas outras situações.

10ª reimpressão

© 2008 Cecília Blasco

Projeto e coordenação editorial
José Roberto A. Igreja

Preparação
Pedro Carvalho / Verba Editorial

Revisão
Flávia Yacubian

Capa e projeto gráfico
Paula Astiz

Editoração eletrônica
Regina Hirata / Paula Astiz Design

Ilustrações
Carlos Cunha

Dados Internacionais de Catalogação na Publicação (CIP)
(Câmara Brasileira do Livro, SP, Brasil)

Blasco, Cecília
   Fale tudo em espanhol! / Cecília Blasco. - Barueri, SP : DISAL, 2008.

   "Um guia completo de conversação para você se comunicar no dia-a-dia, em viagens, reuniões de negócios, eventos sociais, entrevistas e muitas outras situações."

   ISBN 978-85-7844-006-0

   1. Espanhol - Vocabulários e manuais de conversação - Português 2. Português - Vocabulários e manuais de conversação - Espanhol I. Título.

| 08-10620 | CDD-468.3 |

Índices para catálogo sistemático:

| 1. Espanhol : Guia de conversação : Linguística | 468.3 |
| 2. Guia de conversação : Espanhol : Linguística | 468.3 |

Todos os direitos reservados em nome de: Bantim, Canato e Guazzelli Editora Ltda.

Al. Mamoré 911, sala 107, Alphaville
06454-040, Barueri, SP
Tel./Fax: (11) 4195-2811

Visite nosso site: www.disaleditora.com.br

Vendas:
Televendas: (11) 3226-3111
Fax gratuito: 0800 7707 105/106
E-mail para pedidos: comercialdisal@disal.com.br

Nenhuma parte desta publicação pode ser reproduzida, arquivada nem transmitida de nenhuma forma ou meio sem permissão expressa e escrita da Editora.

SUMÁRIO

APRESENTAÇÃO	**7**

I. DIÁLOGOS SITUACIONAIS E FRASES-CHAVE　**11**
DIÁLOGOS SITUACIONALES Y ORACIONES ÚTILES

1. **Quebrando o gelo** – Rompiendo el hielo　**13**
2. **Viagem para o exterior (Parte 1)** – Viajando al exterior (Parte 1)　**25**
3. **Viagem para o exterior (Parte 2)** – Viajando al exterior (Parte 2)　**37**
4. **Entretenimento e diversão** – Entretenimiento y diversión　**51**
5. **Saúde e boa forma** – Salud y buena forma　**65**
6. **Lar doce lar** – Hogar dulce hogar　**75**
7. **No trabalho** – En el trabajo　**83**
8. **Relacionamentos** – Relaciones　**101**
9. **Vivendo, apenas! (Parte 1)** – Tan solo viviendo (Parte 1)　**113**
10. **Vivendo, apenas! (Parte 2)** – Tan solo viviendo (Parte 2)　**121**

II. VOCABULÁRIO　**131**
VOCABULARIO

III. GUIA DE REFERÊNCIA GRAMATICAL　**177**
GUÍA DE REFERENCIA GRAMATICAL

IV. GUIA DE DICAS CULTURAIS　**217**
GUÍA DE INFORMACIÓN CULTURAL

V. GUIA DO VOCABULÁRIO ATIVO　**219**
GUÍA DE VOCABULARIO ACTIVO

VI. DIÁLOGOS TRADUZIDOS　**221**
DIÁLOGOS TRADUCIDOS

VII. GUIA DE ÁUDIO: FAIXA E PÁGINA　**241**
PISTA Y PÁGINA

BIBLIOGRAFIA　**243**

APRESENTAÇÃO

Bem-vindo a **Fale tudo em espanhol! – Guia de conversação**, um livro abrangente de apoio e referência a todos que estudam ou já estudaram espanhol, cuidadosamente planejado para auxiliar na utilização desse idioma em variadas situações.

Fale tudo em espanhol! – Guia de conversação é um livro prático e objetivo que reúne frases e diálogos essenciais e recorrentes da conversação cotidiana. Altamente recomendado para todos que desejam:

» revisar e consolidar conceitos já estudados;

» preparar-se para uma viagem a um país de língua espanhola;

» preparar-se para reuniões, apresentações e entrevistas em espanhol, como é o caso das entrevistas de emprego;

» receber visitantes estrangeiros na empresa;

» relembrar frases e vocabulário-chave e tirar dúvidas;

» praticar e melhorar a compreensão auditiva sobre variados assuntos (o livro traz um áudio com 61 diálogos variados gravados em espanhol);

» compreender e responder e-mails em espanhol com mais facilidade e de forma mais adequada;

» preparar-se para exames de proficiência do idioma espanhol (DELE, CELU, etc.).

O conjunto de todas a seções do livro (veja abaixo o item "As seções do livro") o tornam uma ferramenta útil e indispensável a todos que necessitam se comunicar, oralmente ou por escrito, em espanhol, seja qual for a situação. Dessa forma, **Fale tudo em espanhol! – Guia de conversação** é um livro ideal para se ter em casa, no escritório e levar em viagens, uma vez que auxilia você a se preparar para as situações de conversação que poderá vivenciar.

AS SEÇÕES DO LIVRO

Diálogos situacionais (Diálogos situacionales)

Fale tudo em espanhol! – Guia de conversação reúne 61 diálogos situacionais que abrangem os principais tópicos da conversação cotidiana. As situações abordadas nos diálogos incluem:

» Fazer reserva em um hotel

» Alugar um carro

» Sair para se divertir

» Comprar roupas

» Fazer o check-in no aeroporto

» Pegar um táxi do aeroporto para o hotel

» Fazer uma entrevista de emprego

» Fazer ligações telefônicas

» Freqüentar um restaurante

» Pedir desculpas
» Aconselhar e pedir conselhos
» Usar computadores

Uma das principais preocupações na criação dos diálogos foi retratar com naturalidade e fidelidade a realidade lingüística dos falantes nativos. Dessa forma, o áudio que acompanha o livro, com a gravação dos diálogos situacionais na voz nativa, é um excelente material para você praticar e melhorar a compreensão auditiva do idioma espanhol em variados contextos e se preparar para o que certamente vai ouvir ao entrar em contato com falantes nativos, seja em reuniões de negócios, situações informais ou em viagens ao exterior. (Veja também o item "Como tirar melhor proveito de **Fale tudo em espanhol! – Guia de conversação**".)

A versão em português dos diálogos foi propositalmente inserida no fim do livro, para que você procure, em um primeiro momento, compreender os diálogos em espanhol sem o auxílio e a interferência do português. Essa será uma prática interessante, em especial para os leitores que têm um nível mais avançado de conhecimento do idioma.

Frases-chave (Oraciones útiles)

Fale tudo em espanhol! – Guia de conversação apresenta todas as frases e perguntas-chave utilizadas nos mais variados contextos de conversação. Seja para pedir desculpas, dar conselhos, emitir opinião, convidar alguém para fazer algo, descrever as características físicas e os traços de personalidade de alguém, falar com o atendente de check-in no aeroporto, pedir informações, falar de sua rotina diária, entre outras situações, você poderá facilmente visualizar, nessa seção bilíngüe, o que precisa dizer.

Um dos destaques dessa seção é que não se trata de uma mera tradução de frases. É sabido que cada idioma possui características e formas próprias e que muitas vezes não é possível fazer uma tradução literal do português para o espanhol mantendo o mesmo significado da frase original. **Fale tudo em espanhol! – Guia de conversação** apresenta frases-chave para diversas situações da maneira como são expressas pelos falantes nativos de espanhol.

Vocabulário ativo (Vocabulario ativo)

Para se falar um idioma com fluência é preciso saber empregar o vocabulário da forma mais natural e adequada possível. A seção "Vocabulário ativo" apresenta uma seleção de palavras fundamentais pertencentes a diversos contextos de conversação. Todas essas palavras são apresentadas em frases contextualizadas. Essa seção retrata de uma forma realista o uso do vocabulário nos contextos mais usuais de conversação. Os tópicos abordados na seção "Vocabulário ativo" incluem:

» viagem aérea;
» pegar um táxi;
» manter-se em forma;
» afazeres domésticos;
» trabalho e carreira;
» uma reunião de negócios;
» ligações telefônicas;

» namoro;

» romance e sexo.

Um dos destaques dessa seção é o tópico "Usando computadores", com vocabulário atualizado de termos usados no mundo da informática.

Dicas culturais (Información cultural)

É um fato sabido que língua e cultura são inseparáveis. Há momentos em que é praticamente impossível comunicar-se ou compreender com clareza sem o prévio conhecimento de dados culturais. **Fale tudo em espanhol! – Guia de conversação** apresenta 16 dados culturais relevantes, relativos a contextos variados, como por exemplo:

» o café-da-manhã em alguns países onde se fala espanhol;

» o sistema monetário dos países onde se fala espanhol;

» pratos típicos de alguns países hispanofalantes;

» formas de tratamento mais ou menos formais;

Vocabulário (Vocabulario)

Essa seção foi planejada para você localizar rapidamente o vocabulário que precisa empregar em variadas situações de conversação. Ela complementa e interage com todas as outras seções do livro, em especial a seção "Frases-chave", já que freqüentemente uma frase-chave pode ser alterada com a variação do vocabulário. Dessa forma, o "Vocabulário" potencializa e expande o horizonte lingüístico contido na seção "Frases-chave". Os assuntos apresentados no "Vocabulário" incluem:

» relações familiares;

» ocupações;

» vocabulário comercial;

» artigos de drogaria;

» o automóvel;

» o corpo humano;

» esportes;

» comida;

» ditados e provérbios.

Guia de referência gramatical (Guía de referencia gramatical)

Essa seção foi cuidadosamente planejada para você revisar de forma rápida, fácil e objetiva conceitos gramaticais fundamentais do idioma. Esses conceitos podem estar um pouco "esquecidos" para muitos que já concluíram um curso de espanhol no passado e também para um grande número de pessoas que já iniciaram um curso e pararam. Ao relembrar conceitos importantes da estrutura do idioma espanhol você vai perceber que a compreensão e aplicação de todas as frases do livro se tornarão mais fáceis. Lembre-se que a estrutura gramatical de qualquer língua é o esqueleto que dá sustentação a todas as frases e diálogos no idioma.

COMO TIRAR MELHOR PROVEITO DE *FALE TUDO EM ESPANHOL!*
- GUIA DE CONVERSAÇÃO

Fale tudo em espanhol! - Guia de conversação foi planejado para ser utilizado por pessoas de diferentes níveis de conhecimento do espanhol. Se o seu conhecimento atual do idioma for do intermediário em diante, uma excelente maneira de explorar esse material é ouvir primeiramente o áudio, tentando compreender as variadas situações apresentadas nos diálogos. É possível que em alguns momentos haja palavras ou frases que você não conseguirá captar com clareza. Nesse caso, ouça o áudio pela segunda vez, tentando avançar na compreensão. Se após mais algumas audições você ainda não conseguir captar tudo o que é falado, poderá recorrer ao diálogo em espanhol contido no livro e indicado no "Guia do áudio: Faixa e Página". O conteúdo de todas as seções do livro servirá de apoio e referência para os momentos em que você precisar tirar dúvidas ou se preparar para situações de conversação, como, por exemplo, viagens ao exterior, reuniões, apresentações, entrevistas etc.

Para as pessoas que possuem um nível básico de conhecimento do idioma, uma boa forma de explorar o material é iniciar com a leitura da seção "Guia de referência gramatical", para revisar as estruturas do idioma. Essa seção é apresentada de forma esquemática para facilitar a consulta. Os temas gramaticais oferecem uma visão geral de alguns itens que compõem a estrutura do idioma (artigos, pronomes, tempos e modos verbais, entre outros) e foram selecionados levando em consideração as dificuldades específicas dos falantes brasileiros na hora de compreender ou de se expressar em espanhol (usos de **tú** x **usted**, dos pronomes de objeto direto e indireto, do artigo neutro **lo**, de marcadores de tempo = **en cuanto**, **apena**, **todavía**, etc.)

Você poderá então consultar as seções de "Frases-chave" para se familiarizar com as perguntas e frases usuais em vários contextos de conversação, aprender novas palavras nas seções de "Vocabulário ativo" e ouvir os diálogos acompanhando o texto no livro. À medida que você progredir no estudo do idioma (independentemente da escola em que faz o curso), você vai notar que o conteúdo de todas as seções do livro complementará e facilitará o seu desenvolvimento de forma significativa.

I. DIÁLOGOS SITUACIONAIS E FRASES-CHAVE
DIÁLOGOS SITUACIONALES Y ORACIONES ÚTILES

1. QUEBRANDO O GELO - ROMPIENDO EL HIELO

1.1 Quebrando o gelo (Diálogo) - Rompiendo el hielo (Diálogo)

🔊 **Pista 1**

Pablo: Qué calor, ¿no?
Andrea: Sí, realmente. No estoy acostumbrada a este clima.
Pablo: ¡Ah! Quiere decir que no eres de aquí.
Andrea: No, soy de Bariloche y te aseguro que allí hace mucho más frío que en Asunción.
Pablo: Perdona, no me presenté. Mi nombre es Pablo Hernández.
Andrea: ¡Encantada! Soy Andrea Pizi. Y tú, ¿naciste aquí en Asunción?
Pablo: No, en realidad, nací en Buenos Aires, pero crecí aquí. Mi familia vino a Paraguay cuando yo tenía tres años.
Andrea: Esta es la primera vez que vengo a Asunción y debo reconocer que es mucho más bonita de lo que me imaginaba. Y, ¿a qué te dedicas?
Pablo: Soy del ramo de seguros.
» Veja a tradução desse diálogo na p. 221

1.2 Quebrando o gelo (Frases-chave) - Rompiendo el hielo (Oraciones útiles)

QUEBRANDO O GELO (A) - ROMPIENDO EL HIELO (A)

¡Qué linda vista! ¿no? - Bela vista, não é mesmo?
¿Te está gustando la fiesta/el show/la conferencia? - Está gostando da festa/do show/da palestra?
Qué buen(a) fiesta/show/conferencia, ¿no? - Festa/show/palestra ótima(o), não é mesmo?
Hace tiempo que no me divertía tanto. - Não me divirto assim há anos.
Parece que la estás pasando muy bien. - Você parece estar se divertindo.
Pareces contento(a)/solitario(a)/triste. - Você parece contente/solitário(a)/triste.
¿Puedo sentarme aquí? - Posso me sentar aqui?
¿Este(a) asiento/silla está ocupado(a)? - Este(a) assento/cadeira está ocupado(a)?

13

QUEBRANDO O GELO (B) – ROMPIENDO EL HIELO (B)

Tú me resultas cara conocida. – Você me parece familiar...
¿No nos hemos visto antes? – Nós já não nos conhecemos?
» Veja "Guia de referência gramatical 14": O Pretérito Perfecto e o particípio passado, p. 204
¿A que te dedicas? – O que você faz?
» Veja Vocabulário 1: Ocupações p. 133
¿Eres de aquí? – Você é daqui?
¿Vives en Buenos Aires/Bogotá/etc.? – Você mora em Buenos Aires/Bogotá/etc.?
¿Vienes aquí a menudo? – Você vem aqui com freqüência?

QUEBRANDO O GELO (C) – ROMPIENDO EL HIELO (C)

¡Qué calor/frío, ¿no? – Está quente/frio mesmo hoje.
» Veja Falando sobre o tempo - Frases-chave: Como está o tempo (B), p. 21
Hace calor/frío aquí dentro. – Está quente/frio aqui dentro.
¡Qué lindo día! – O tempo está ótimo.
» Veja "Guia de referência gramatical 11": Orações interrogativas e exclamativas, p. 197
Me encantan los días de sol. – Eu adoro dias ensolarados.
Perdona, ¿me darías un cigarrillo? – Com licença, você tem um cigarro?
¿Tienes fuego? – Você tem fogo?
Lo siento, no fumo. – Desculpe-me, não fumo.
¿Te molesta que fume? – Você se importa se eu fumar?

1.3 Acho que você não conhece minha amiga (Diálogo) – Creo que no conoces a mi amiga... (Diálogo)

🔊 **Pista 2**

Bernardo: Hola, Jorge, ¡tanto tiempo sin verte!
Jorge: ¡Bernardo! ¡Qué bueno verte, hombre! ¿En qué andas?

Bernardo: Bien, muy bien. Creo que no conoces a mi amiga Luisa, ¿verdad?
Jorge: No. ¿Qué tal, Luisa?
Luisa: Bien, ¿y tú?
Jorge: ¿Estudias aquí en México?
Luisa: ¿Yo?, no. Estoy de visita. Soy de Quito.
Jorge: ¡No me digas! Tengo una tía que vive en Quito, Y yo ya estuve en la ciudad una vez.
Luisa: ¿De verdad? Espero que te haya gustado.
Jorge: Sí, es una ciudad muy bonita.
Bernardo: Oye, Jorge, no quiero interrumpirlos, pero tenemos que irnos. Tengo que pasar por casa a buscar unos libros antes de la próxima clase.
Jorge: ¡Claro, Bernardo! Yo también estoy bastante ocupado. Nos hablamos más tarde.
Luisa: Ha sido un gusto conocerte, Jorge.
Jorge: Lo mismo digo. Nos vemos. Chau.
» Veja a tradução desse diálogo na p. 221

1.4 Cumprimentos (Frases-chave) – Saludos (Oraciones útiles)

CUMPRIMENTOS (A) – SALUDOS INFORMALES (A)

¡Hola! – Olá!/Oi!
¡Hola!, ¿qué tal? – Olá!/Oi! Tudo bem?
¿Como estás?/¿Como te va? – Como está?/Como vai?
» Veja "Guia de referência gramatical 4 e 7" sobre conjugação verbal, pp. 184 e 188
Bien, gracias. ¿Y tú?/¿Y a ti? – Estou bem, obrigado. E você?

CUMPRIMENTOS (B) – SALUDOS (B)

¡Buen día!/¡Buenos días! – Bom dia!
¡Buenas tardes! – Boa tarde!
¡Buenas noches! – Boa noite!
¡Qué tengas un buen día! – Tenha um bom dia!

CUMPRIMENTOS: INFORMAL – SALUDOS FORMALES

¿Cómo está usted?/¿Cómo le va? – Como está o senhor?/Como vai o senhor?
» Veja "Guia de referência gramatical 5": Formas de tratamento (tú x usted), p. 185

1.5 Despedindo-se (Frases-chave) – Para despedirse (Oraciones útiles)

DESPEDINDO-SE (A) – PARA DESPEDIRSE (A)

¡Chau! – Tchau!
¡Hasta luego! – Até mais tarde!/Te vejo mais tarde!
¡Hasta mañana! – Até amanhã!

¡Nos vemos! – Te vejo por aí!
¡Nos hablamos más tarde! – Depois conversamos, tchau!

DESPEDINDO-SE (B) – PARA DESPEDIRSE (B)

¡Cuídate! – Cuide-se!
Te veo mañana, ¡chau! – Te vejo amanhã, tchau!
¡Bueno, te veo más tarde! – O.k., te vejo mais tarde!
¡Qué te vaya bien! – Tenha um ótimo dia, tchau!
Buena clase/reunión/fiesta/etc. – Tenha uma boa aula/reunião/festa/etc.
¡Buenas noches! – Boa noite!

1.6 **Encontrando pessoas pela primeira vez (Frases-chave)** – Encontrándose con alguien por primera vez (Oraciones útiles)

¡Mucho gusto! – Muito prazer!/Prazer em conhecê-lo!
Encantado(a). – Muito prazer.
¡Gusto en conocerlo! – Muito prazer!/Prazer em conhecê-lo!
¡Encantado(a) de conocerlo! – Muito prazer!/Prazer em conhecê-lo!
¡El gusto es mío! – O prazer é meu!

1.7 **Apresentando a si mesmo e outras pessoas (Frases-chave)** – Para presentarse a sí mismo y a otras personas (Oraciones útiles)

Mi nombre es... – Meu nome é...
Soy... – Eu sou...
Aún no nos hemos presentado, mi nombre es... – Acho que ainda não nos conhecemos, meu nome é...
Permítame presentarme, soy... – Deixe me apresentar, eu sou...*
» Veja "Guia de referência gramatical 5": Formas de tratamento, p. 185
Quiero presentarte a mi amigo... – Gostaria de apresentar meu amigo...
Quería/quisiera/querría presentarte a mi amigo...– Gostaria de apresentar meu amigo...*
Me parece que no conoces a mi amigo... – Acho que você não conhece meu amigo...
Este es mi amigo/hermano. – Este é meu amigo/irmão.
» Veja Vocabulário 5: Relações familiares, p. 140
» Veja "Guia de referência gramatical 6": Pronomes possessivos, p. 187

*Mais formal.

1.8 Pedindo informações pessoais (Frases-chave) - Pidiendo información personal (Oraciones útiles)

PEDINDO INFORMAÇÕES PESSOAIS (A) - PIDIENDO INFORMACIÓN PERSONAL (A)

» Veja "Guia de referência gramatical 5": Formas de tratamento, p. 185

¿Cuál es tu nombre?/¿Cómo te llamas? - Qual é o seu nome?/Como você se chama?

¿Cuál es su nombre?/¿Cómo se llama (usted)? - Qual é o nome do senhor?/Como o senhor se chama?*

¿Cómo es tu apellido? - Qual é o seu sobrenome?

¿Cómo es su apellido? - Qual é o sobrenome do senhor?*

¿Qué haces?/¿A qué te dedicas? - O que você faz?

¿Qué hace (usted)?/¿A qué se dedica? - O que o senhor faz?*

¿Cuál es tu ocupación? - Qual a sua ocupação?/O que você faz?

¿Cuál es su ocupación? - Qual a sua ocupação?/O que o senhor faz?*

¿De dónde eres? - De onde você é?

¿De dónde es (usted)? - De onde o senhor é?*

¿Cuál es tu nacionalidad? - Qual é a sua nacionalidade?

» Veja Vocabulário 2: Países e nacionalidades, p. 135

¿Cuál es su nacionalidad? - Qual é a sua nacionalidade?*

¿Dónde naciste? - Onde você nasceu?

¿Dónde nació (usted)? - Onde o senhor nasceu?*

¿Dónde vives? - Onde você mora?

¿Dónde vive (usted)? - Onde o senhor mora?*

¿Cúantos años tienes?/¿Qué edad tienes? - Quantos anos você tem?/Qual a sua idade?

¿Cúantos años tiene (usted)?/¿Qué edad tiene (usted)? - Quantos anos o senhor tem?/Qual a sua idade?*

¿Dónde cursaste el secundario? - Onde você fez o colegial?

¿Dónde cursaste tus estudios universitarios? - Onde você fez a faculdade?

> ### DICA CULTURAL 1 - INFORMACIÓN CULTURAL 1
> Em espanhol se utiliza a forma de tratamento **Usted** (formal) quando se fala com pessoas desconhecidas, mais velhas ou quando há diferenças hierárquicas entre os interlocutores. A forma de tratamento **tú** (informal) se usa para falar com amigos, parentes e com pessoas entre as quais não há diferenças hierárquicas.

PEDINDO INFORMAÇÕES PESSOAIS (B) - PIDIENDO INFORMACIÓN PERSONAL (B)

¿Qué te gusta hacer para divertirte? - O que você gosta de fazer para se divertir?

» Veja Saindo para se divertir - Frases-chave: Coisas que as pessoas fazem para se divertir (B), p. 52, e Vocabulário 10: Esportes, p. 144

*Mais formal.

» Veja "Guia de referência gramatical 9": Verbos como gustar, p. 194

¿Tienes algún hobby? – Você tem um hobby?

¿Quién es tu cantor/actor/autor/etc. preferido? – Qual é o seu cantor/ator/autor/etc. preferido?

¿De qué signo eres? – Qual é o seu signo?

¿Eres casado(a). – Você é casado/a?

» Veja "Guia de referência gramatical 4 e 7" sobre conjugação verbal, pp. 184 e 188

¿Cuál es tu/su estado civil? – Qual é o seu estado civil?

¿Tienes hijos? – Você tem filhos?

¿Tienes novio(a). – Você tem namorada/namorado?

¿Con quién vives? – Com quem você mora?

1.9 Falando de si mesmo (Frases-chave) – Hablando de sí mismo (Oraciones útiles)

FALANDO DE SI MESMO (A) – HABLANDO DE SÍ MISMO (A)

Mi nombre/apellido es... – Meu nome/sobrenome é...

Soy profesor/abogado/médico, etc. – Eu sou professor/advogado/médico/etc.

» Veja Vocabulário 1: Ocupações, p. 133

Soy contador en... (nombre de la empresa) – Eu sou contador na empresa...

Estoy en el ramo de seguros/propaganda/ventas etc. – Trabalho com seguros/propaganda/vendas etc.

Soy de Brasil... – Eu sou do Brasil.

» Veja Vocabulário 2: Países e nacionalidades, p. 135

Soy brasileño(a)... – Eu sou brasileiro(a).

Nací* en Brasil. – Eu nasci no Brasil.

Crecí* en Brasil. – Eu cresci no Brasil.

» Veja Vocabulário 2: Países e nacionalidades, p. 135

Vivo en... – Eu moro em...

Tengo treinta y un años. – Tenho trinta e um anos de idade...

» Veja Vocabulário 3: Números ordinais e cardinais, p. 137

Hice* el secundario en... – Eu fiz o colegial em...

Cursé* estudios universitarios en... – Eu fiz a faculdade em...

» *Veja "Guia de referência gramatical 13": Pretérito indefinido, p. 201

FALANDO DE SI MESMO (B) – HABLANDO DE SÍ MISMO (B)

A mí me gusta... – Eu gosto de...

» Veja Saindo para se divertir - Frases-chave: Coisas que as pessoas fazem para se divertir (B), p. 52 e Vocabulário 10: Esportes, p. 144

Colecciono estampillas/monedas antiguas/etc. – Eu coleciono selos/moedas antigas/etc.

Mi cantor/actor/autor/etc. favorito es... – Meu cantor/ator/autor/etc. preferido é...

Soy de Capricornio/Leo/Sagitario/Piscis/Libra/Virgo/Aries/Escorpio/Cáncer/Acuario/Tauro/

Géminis. – Eu sou capricorniano/leonino/sagitariano/de Peixes/de Libra/virginiano/de Áries/escorpiano/canceriano/aquariano/tourino/geminiano.

Soy casado(a). – Sou casado(a).

Soy soltero(a). – Sou solteiro(a).

Soy divorciado(a). – Sou divorciado(a).

Soy separado(a). – Sou separado(a).

Estoy comprometido(a). – Sou noivo(a).

Soy viudo(a). – Sou viúvo(a).

Tengo dos hijos. – Eu tenho dois filhos.

» Veja Vocabulário 5: Relações familiares, p. 140

Tengo un hijo y una hija. – Tenho uma filha e um filho.

Tengo novio(a). – Tenho namorado(a).

Vivo con mis padres. – Eu moro com meus pais.

» Veja Vocabulário 5: Relações familiares, p. 140

Vivo con mi esposa e hijos. – Moro com minha esposa e filhos.

Vivo solo. – Eu moro sozinho.

Perdón, pero eso es muy personal. – Desculpe, isso é pessoal!

1.10 Falando sobre a sua família (Frases-chave) – Hablando de la familia (Oraciones útiles)

FALANDO SOBRE SUA FAMÍLIA (A) – HABLANDO DE LA FAMILIA (A)

» Veja Vocabulário 5: Relações familiares, p. 140

Mi familia es grande/pequeña. – Eu tenho uma família grande/pequena.

Tengo dos hermanos y una hermana. – Tenho dois irmãos e uma irmã.

» Veja Vocabulário 5: Relações familiares, p. 140

Tengo una hermana mayor y un hermano menor. – Eu tenho uma irmã mais velha e um irmão mais novo.

Tengo un(a) hermano(a) mellizo(a). – Tenho um(a) irmão/irmã gêmeo(a).

Tengo un(a) hermano(a) gemelo(a). – Tenho um(a) irmão/irmã gêmeo(a) idêntico(a).

Soy hijo(a) único(a). – Sou filho(a) único(a).

Mi padre/papá es... – Meu pai é...

» Veja Vocabulário 1: Ocupações, p. 133

Mi padre está jubilado. – Meu pai é aposentado.

Mi madre/mamá es ama de casa/abogada. – Minha mãe é dona de casa/advogada...

Mis padres viven en... – Meus pais moram em...

Mis padres están divorciados. – Meus pais são divorciados.

FALANDO SOBRE SUA FAMÍLIA (B) – HABLANDO DE LA FAMILIA (B)

Mi esposa es... – Minha esposa é...

» Veja Vocabulário 1: Ocupações, p. 133

Mi esposo/marido es... – Meu marido é...
Mi hermana es extrovertida. – Minha irmã é extrovertida.
» Veja Descrevendo traços de personalidade - Frases-chave, p. 103
Mi hermano menor es muy gracioso. – Meu irmão mais novo é engraçado.
Mi padre es serio. – Meu pai é sério.
Mis padres son simpáticos. – Meus pais são simpáticos.
No somos parientes. – Nós não somos da mesma família./Não somos parentes.
¿Qué parentesco tienes con...? – Qual o seu grau de parentesco com...?
» Veja Vocabulário 5: Relações familiares, p. 140

1.11 Ruídos na comunicação (Frases-chave) – Problemas en la comunicación (Oraciones útiles)

RUÍDOS NA COMUNICAÇÃO (A) – PROBLEMAS EN LA COMUNICACIÓN (A)

¿Cómo? – Como? (pedindo para repetir)
Perdón, ¿cómo dice(s)? – Desculpe, como? (pedindo para repetir)
Perdón, ¿puedes repetirlo, por favor? – Desculpe, você pode repetir, por favor?
¿Podrías hablar más despacio/lentamente? – Você poderia, por favor, falar devagar?*
Por favor, ¿puedes hablar más despacio/lentamente? – Você pode, por favor, falar devagar?
Por favor, ¿podrías repetirlo? – Você poderia repetir por favor?*
Por favor, ¿puedes repetirlo? – Você pode repetir por favor?
Perdón, no entendí... – Desculpe, não entendi...
¿Podría(s) explicarlo otra vez? – Poderia explicar novamente?
» Veja "Guia de referência gramatical 10": Uso dos pronomes de Objeto Direto e Indireto, p. 195

RUÍDOS NA COMUNICAÇÃO (B) – PROBLEMAS EN LA COMUNICACIÓN (B)

Por favor, ¿puede(s) decirlo otra vez? – Pode dizer aquilo de novo, por favor?
¿Cómo se deletrea? – Como se soletra...?
¿Cómo se dice esto en español? (mostrando algo) – Como se fala isto em espanhol? (mostrando algo)
» Veja "Guia de referência gramatical 8": Usos de decir x hablar, p. 210
No recuerdo tu/su nombre... – Como é seu nome mesmo?
No entendí bien lo que has dicho. – Não entendi direito o que você disse.
Perdón, pero no sé de qué estás hablando. – Desculpe, não tenho a mínima idéia do que você está falando.

*Mais cordial.

1.12 Falando sobre o tempo (Diálogo) - Hablando del tiempo (Diálogo)

🔊 **Pista 3**

Raquel: ¿Has escuchado el pronóstico del tiempo para el fin de semana?
Patricia: Sí. El hombre del tiempo dijo que el sábado habrá sol, pero puede llover un poco el domingo.
Raquel: Odio el tiempo lluvioso. La lluvia me deprime.
Patricia: Te entiendo. O sea, tú prefieres el verano, ¿verdad?
Raquel: Sin duda. Para mí es la mejor estación. Me encantan las actividades al aire libre.
Patricia: ¿Y qué planes tienes para el fin de semana?
Raquel: Pensaba irme a la playa
» Veja a tradução desse diálogo na p. 221

1.13 Falando sobre o tempo (Frases-chave) - Hablando del tiempo (Oraciones útiles)

COMO ESTÁ O TEMPO? (A) - ¿CÓMO ESTÁ EL TIEMPO? (A)

¿Cómo está el tiempo hoy? - Como está o tempo hoje?
Hace calor/frío. - Está quente/frio.
Hay sol. - Está ensolarado.
Está nublado - Está nublado.
Llueve - Está chuvoso.
Hay viento. - Está ventando.
» Veja "Guia de referência gramatical 17": Usos de haber x tener, p. 208
Nieva. - Está nevando.
Está medio nublado. - Está meio nublado.
Está medio lluvioso. - Está meio chuvoso.
Está fresquito. - Está friozinho.
Está fresco - Está fresco.

Hace calor. – Está quente.
Está agradable. – Está ameno.

COMO ESTÁ O TEMPO? (B) – ¿CÓMO ESTÁ EL TIEMPO? (B)

Hace veinte grados. – Está vinte graus.
Hace menos cinco grados. – Está menos cinco graus.
Hace dos grados bajo cero. – Está dois graus abaixo de zero.
Parece que va a llover. – Parece que vai chover.
Llueve. – Está chovendo.
Llueve torrencialmente. – Está caindo um pé-d'água!
Está lloviznando. – Está garoando.
¡Está helado! – Está congelante!

A PREVISÃO DO TEMPO – PRONÓSTICO DEL TIEMPO

¿Cuál es el pronóstico del tiempo para hoy/el fin de semana? – Qual é a previsão do tempo
para hoje/o fim de semana?
Va a hacer calor todo el día. – Vai fazer calor o dia todo.
A la tarde va a llover. – Vai chover à tarde.
Parece que hoy va a hacer sol/llover. – Parece que teremos um dia ensolarado/chuvoso.
Va a ser un fin de semana de sol. – Vai ser um fim de semana ensolarado.
El hombre del tiempo dijo que el fin de semana será de sol/lluvioso. – O homem do tempo diz
que vai ser um fim de semana ensolarado/chuvoso.
La temperatura está subiendo. – A temperatura está subindo.
La temperatura va a bajar. – A temperatura vai cair.
» Veja "Guia de referência gramatical 12": O Futuro do Indicativo e a forma ir a + infinitivo, p. 199

SEU TIPO PREFERIDO DE TEMPO – EL TIEMPO QUE MÁS TE GUSTA

¿Qué tiempo prefieres? – Qual o seu tipo preferido de tempo?
Me gusta el calor*. – Gosto de tempo quente.
Prefiero los días de sol. – Prefiro dias ensolarados.
Me gustan los días de sol*. – Gosto de dias ensolarados.
No me gustan los días lluviosos. – Não gosto de dias chuvosos.
Odio el tiempo lluvioso. – Detesto tempo chuvoso.
¿Cuál es tu estación preferida? – Qual sua estação do ano preferida?
Prefiero el verano/el invierno/el otoño/la primavera. – Prefiro o verão/o inverno/o outono/a
primavera.
Me gusta más el verano/el invierno*. – Prefiro o verão/o inverno.
» *Veja "Guia de referência gramatical 9": Verbos como gustar, p. 194

FALANDO SOBRE O TEMPO NO SEU PAÍS – HABLANDO DEL CLIMA DE TU PAÍS

¿Cómo es el clima donde vives/en tu país? – Como é o tempo onde você vive/no seu país?

Vivo en un país tropical y casi siempre hace calor. – Eu vivo em um país tropical, então geralmente faz calor.

Casi siempre hay sol. – Faz sol a maior parte do tempo.

La temperatura oscila alrededor de... – A temperatura fica em torno de...

La temperatura es amena. – A temperatura é amena.

¿Llueve mucho por aquí? – Chove muito por aqui?

Hace meses que no llueve. – Não chove há meses.

¿Esta ropa es apropiada para el clima de aquí? – Estas roupas são adequadas para o tempo daqui?

Hace mucho frío en invierno. – Faz muito frio no inverno.

En invierno nieva. – Neva no inverno.

En verano hace mucho calor. – É bem quente no verão.

¿Nieva en invierno? – Neva no inverno?

ESTÁ QUENTE/FRIO DEMAIS PARA... – HACE DEMASIADO CALOR/FRÍO/PARA...

¿Hace calor como para ir a la playa/a la pileta? – Está quente o suficiente para ir à praia/ nadar na piscina?

Hace demasiado frío para nadar. – Está frio demais para nadar.

Hoy hace demasiado frío para salir. – Está frio demais para sair hoje.

Hay demasiado viento para ir al parque ahora/hoy. – Está ventando demais para ir ao parque agora/hoje.

O TEMPO: COMO VOCÊ SE SENTE – EL TIEMPO: ¿CÓMO TE SIENTES?

Tengo frío. – Estou com frio.

Siento frío. – Estou sentindo frio.

Me estoy muriendo de frío. – Estou morrendo de frio.

Tengo calor. – Estou com calor.

Siento calor. – Estou sentindo calor.

Me estoy derritiendo. – Estou derretendo.

2. VIAGEM PARA O EXTERIOR (PARTE 1)
- VIAJANDO AL EXTERIOR (PARTE 1)

2.1 Fazendo reserva em um hotel (Diálogo) - Haciendo reservas en un hotel (Diálogo)

🔊 **Pista 4**

(Suena el teléfono)
Recepción: Hotel Presidente. ¡Buenos días!
Victor: Quisiera saber si tienen habitación para la semana del 15.
Recepción: Aguarde un momento, por favor. Voy a verificar las reservas... Sí, aún nos quedan algunas.
Victor: Bien, y ¿me puede decir el precio de una habitación doble?
Recepción: A ver... sí, cuesta $95, con desayuno incluido.
Victor: Bueno, entonces quiero hacer una reserva para las noches del quince al diecisiete.
Recepción: Cómo no, señor. ¿Viene usted para el Congreso de ortopedia?
Victor: No, voy a visitar a mi hija, que vive ahí en Buenos Aires.
Recepción: Muy bien. Ahora precisamos rellenar la ficha de reserva. ¿Cómo es su apellido, por favor?
Victor: Támez. Victor Támez.
Recepción: Y...
» Veja a tradução desse diálogo na p. 222

2.2 Fazendo reserva em um hotel (Frases-chave) - Haciendo reservas en un hotel (Oraciones útiles)

FAZENDO RESERVA EM UM HOTEL (A) - HACIENDO RESERVAS EN UN HOTEL (A)

Quisiera hacer una reserva para las noches del... - Gostaria de fazer uma reserva para as noites dos dias...

Quisiera hacer una reserva para tres noches. – Gostaria de reservar um quarto para três noites.
¿Tienen habitaciones para la segunda semana de julio? – Você tem quartos disponíveis para a segunda semana de julho?
¿Cuánto cuesta la habitación doble/simple? – Quanto é a diária para um casal/uma pessoa?
¿El desayuno está incluido? – O café-da-manhã está incluso?
¿Aceptan tarjeta de crédito? – Vocês aceitam todos cartões de crédito?
¿Puede recomendarme algún otro hotel en la región/ahí cerca? – O senhor pode recomendar algum outro hotel na região/por perto?
» Veja "Guia de referência gramatical 5": Formas de tratamento, p. 185
¿Sabes si hay algún albergue de la juventud en la ciudad? – Você sabe se há um albergue da juventude na cidade?

FAZENDO RESERVA EM UM HOTEL (B) – HACIENDO RESERVAS EN UN HOTEL (B)
¿En qué puedo ayudarlo? – Em que posso ajudar?
Lo siento, pero el hotel está completo. – Desculpe, estamos lotados.
La habitación doble/simple cuesta... – A diária para um casal/uma pessoa é...
El desayuno está incluido. – O café-da-manhã está incluso.
Aceptamos Amex, Visa y Mastercard. – Aceitamos Amex, Visa e Mastercard.

2.3 – Fazendo o check-in no aeroporto (Diálogo) – En el aeropuerto: Facturación (Diálogo)

🔊 **Pista 5**
Atendiente: Su pasaje y documentos, por favor
Pasajera: Aquí los tiene. (entregando el pasaje y los documentos)
Atendiente: ¿Prefiere ventana o pasillo?
Pasajera: Pasillo, por favor. Es que generalmente necesito levantarme para estirar las piernas durante el vuelo. Y este es un viaje largo, ¿no?
Atendiente: Sí, bastante largo. Entonces, pasillo.
Pasajera: ¡Ah! Y en el área de no fumadores, por favor.

Atendiente: No se preocupe. Fumar está prohíbido en todos nuestros vuelos.
Pasajera: ¡Qué bien!
Atendiente: Por favor, coloque su equipaje aquí.
Pasajera: Como no. Es solo una maleta. ¿Puedo llevar esta otra como equipaje de mano?
Atendiente: Sí. Puede ponerla en el compartimiento superior sobre su asiento. Aquí tiene su tarjeta de embarque. El embarque se realizará por la puerta 12.
Pasajera: Muy bien, gracias.
» Veja a tradução desse diálogo na p. 222

2.4 Fazendo o check-in no aeroporto (Frases-chave) – En el aeropuerto: facturación (Oraciones útiles)

FRASES DO ATENDENTE DE CHECK-IN – LO QUE DICE EL/LA ATENDIENTE

» Veja Vocabulário ativo: Viagem aérea, p. 37
Su pasaporte, por favor. – Posso ver seu passaporte e passagem, por favor?
¿Cuántas maletas lleva? – Quantas malas o(a) senhor(a) está levando?
Coloque la maleta en la balanza, por favor. – O(A) senhor(a) pode colocar a mala na balança, por favor?
¿Tienes equipaje de mano? – Você tem bagagem de mão?
Lo siento, pero tendrá que pagar exceso de equipaje. – Sinto muito, mas o(a) senhor(a) terá de pagar pelo excesso de bagagem.
¿Prefieres ventana o pasillo? – Você gostaria de sentar do lado da janela ou do corredor?
Aquí tiene su/tu tarjeta de embarque. El embarque se realizará por la puerta 12. – Aqui está o seu cartão de embarque, o embarque é no portão 12.
Se dará inicio al embarque a las 9. – O embarque tem início às 9 horas.
Lo siento, pero el vuelo está atrasado. – Sinto muito, mas o vôo está atrasado.
Lo siento, pero el vuelo ha sido cancelado. – Sinto muito, mas o vôo foi cancelado.
¡Muchas gracias y que tenga un buen viaje! – Muito obrigado. Tenha um bom vôo!

FRASES DO PASSAGEIRO – LO QUE DICE EL PASAJERO

» Veja Vocabulário ativo: Viagem aérea, p. 37
¿Puedes darme un asiento al lado de la ventanilla/pasillo? – Você pode me colocar no assento da janela/do corredor?
¿Puedo llevar esta maleta como equipaje de mano? – Posso levar esta aqui como bagagem de mão?
¿Cuánto cobran por exceso de equipaje? – Quanto é a taxa por excesso de bagagem?
¿A qué hora comienza el embarque? – A que horas começamos a embarcar?
¿En qué puerta? – Qual é o portão?
¿Dónde es la puerta...? – Onde fica o portão...?
¿El vuelo está atrasado? – Vai haver algum atraso?
» Veja "Guia de referência gramatical 11": Orações interrogativas e exclamativas, p. 197

2.5 No avião (Diálogo) - En el avión (Diálogo)

𝄞 **Pista 6**

"Buenos días, aquí les habla el comandante. En pocos instantes aterrizaremos en el Aeropuerto Internacional de Buenos Aires. La hora local es 7:14. Hace buen tiempo, con sol y la temperatura es de 20 grados centígrados. Espero que hayan tenido un vuelo agradable y, en nombre de Aerolíneas Globales, les doy las gracias por habernos escogido."

Nora: Me alegra que ya estemos por aterrizar.
Fabián: ¿Te asusta volar?
Nora: Bueno, digamos que los aviones no son uno de mis pasatiempos favoritos.
Fabián: ¿De dónde eres?
Nora: De Bogotá. ¿Y tú?
Fabián: Brasil.
Nora: ¿De verás? Siempre quise ir para ver el Carnaval. Y las playas son maravillosas, ¿no es cierto?
Fabián: Sí, es un lugar fantástico para pasar vacaciones. ¿Vienes a Buenos Aires por negocios?
Nora: No. Es que mi hermano vive aquí. Vengo a visitarlo porque hace mucho que no nos vemos.
» Veja a tradução desse diálogo na p.223

2.6 No avião (Frases-chave) - En el avión (Oraciones útiles)

AS FRASES DA TRIPULAÇÃO - LO QUE DICE LA TRIPULACIÓN

Vamos a despegar en poco minutos. - Vamos decolar em breve.
Abróchense los cinturones de seguridad, por favor.* - Apertem os cintos, por favor.
Está prohibido fumar en esta aeronave. - Não é permitido fumar nesta aeronave.
¿Por favor, podrías colocar tu equipaje en el compartimento superior? - Por favor, você pode colocar sua bagagem no compartimento/armário superior?
Por favor, permanezcan sentados.* - Por favor, permaneçam sentados.

Por favor, mantengan las mesas plegadas.* – Vocês podem, por favor, fechar suas bandejas?

Por favor, coloquen el respaldo de sus asientos en la posición vertical.* – Por favor, voltem os assentos para a posição vertical.

Tripulación, prepararse para el despeque. – Tripulação preparar para decolagem.

» *Veja "Guia de referência gramatical 20": Forma e uso do imperativo, p. 212

PEDIDOS DO PASSAGEIRO – PEDIDOS DEL PASAJERO

¿Podría(s) traerme un vaso de agua, por favor? – Pode me trazer um copo d'água, por favor?

¿Podría darme un pañuelo de papel, por favor? – Você pode me trazer um lenço de papel por favor?

Hace mucho frío aquí. – Está frio demais aqui.

¿Podrías bajar el aire acondicionado? – Você pode diminuir o ar condicionado?

Hace mucho calor aquí. – Está quente demais aqui.

¿Podrías subir el aire acondicionado? – Você pode aumentar o ar condicionado?

Mis auriculares no funcionan. – Meus fones de ouvido não estão funcionando.

¿Podrías traerme una manta/almohada? – Você pode me trazer mais um cobertor/travesseiro?

SENTINDO-SE ENJOADO – SI ESTÁS MAREADO

» Veja Frases-chave: Sentindo-se doente (A), (B) e (C), p. 67

No me siento bien. – Não estou me sentindo muito bem.

Me duele la cabeza. – Estou com dor de cabeça.

Estoy un poco mareado(a). – Estou me sentindo um pouco tonto(a).

¿Puedes darme algo para el mareo? – Você pode me trazer algum remédio para enjôo?

¿Podrías traerme una aspirina? – Você pode me trazer uma aspirina?

Tengo ganas de vomitar. – Estou com vontade de vomitar.

¿Puedes traerme una bolsa para mareo? – Você pode me trazer um saquinho para enjôo?

HORA DA REFEIÇÃO – LA COMIDA

» Veja No restaurante - Frases-chave: Fazendo o pedido (B), p. 59; Pedindo bebidas, p. 59 e Outros pedidos e comentários, p. 60

¿Prefiere pollo o carne vacuna? – O senhor gostaria de frango ou carne?

Pollo/Carne, por favor. – Frango/carne, por favor.

¿Qué desea beber? – O que o(a) senhor(a) gostaria de beber?

Jugo de naranja, por favor. – Suco de laranja para mim, por favor.

Una Coca sin hielo, por favor. – Coca, sem gelo por favor.

Para mí un whisky, por favor. – Eu gostaria de uísque, por favor.

Café con crema y azúcar, por favor. – Café com creme e açúcar, por favor.

PEDINDO INFORMAÇÕES À AEROMOÇA – CÓMO PEDIRLE INFORMACIÓN A LA AZAFATA

¿Qué duración tiene este vuelo? – Quanto tempo dura este vôo?

¿A qué hora vamos a llegar a Buenos Aires? – Que horas vamos chegar em Buenos Aires?

¿Cómo está el tiempo en Buenos Aires? – Como está o tempo em Buenos Aires?

» Veja Falando sobre o tempo - Frases-chave, p. 21

¿Cuántas horas de diferencia hay entre Buenos Aires y Madrid? - Qual a diferença de fuso horário entre Buenos Aires e Madrid?

¿A qué hora se estima que vamos a aterrizar? - A que horas devemos aterrissar?

¿Es necesario que rellene el formulario de aduana? - Preciso preencher o formulário de alfândega?

¿Precisamos hacer aduana? - Precisamos passar pela alfândega?

2.7 Passando por Imigração (Frases-chave) - En Migraciones (Oraciones útiles)

AS PERGUNTAS DO FUNCIONÁRIO DE IMIGRAÇÃO - LAS PREGUNTAS DEL OFICIAL DE MIGRACIONES

¿Cuál es el propósito de su visita? - Qual é o motivo da sua visita?

¿A qué se dedica? - O que o senhor faz?

¿Cuál es su ocupación? - Qual é a sua ocupação?/O que o senhor faz?

¿Esta es la primera vez que viene a... ? - Esta é sua primeira vez em...?

Su pasaporte y pasaje, por favor. - Posso ver seu passaporte e passagem aérea, por favor?

¿Viaja solo(a)? - O(A) senhor(a) está viajando sozinho(a)?

¿Cuánto tiempo piensa quedarse? - Quanto tempo pretende ficar?

¿Dónde va a quedarse? - Onde o(a) senhor(a) vai ficar?

Gracias. ¡Qué le vaya bien! - Obrigado. Tenha uma boa estadia!

AS RESPOSTAS DO VISITANTE - LAS RESPUESTAS DEL VISITANTE

Vengo por trabajo. - Estou aqui a trabalho.

Vengo a un congreso/a dar una conferencia. - Estou aqui para um(a) congresso/palestra.

Vine para participar en una reunión/presentación. - Eu vim para participar de uma reunião/apresentação.

Soy médico/ingeniero(a)/abogado(a)/estudiante/etc. - Eu sou médico(a)/engenheiro(a)/advogado(a)/estudante/etc.

» Veja Vocabulário 1: Ocupações, p. 133

Estoy aquí de vacaciones. - Estou aqui de férias.

He venido a estudiar. - Estou aqui para estudar.

Vine a visitar a un(a) amigo(a). - Vim visitar um(a) amigo(a).

Vine a visitar a un pariente. - Vim visitar um parente.

» Veja Vocabulário 5: Relações familiares, p. 140

Me quedaré dos semanas/diez días. - Vou ficar duas semanas/dez dias.

Viajo con mi.... - Estou viajando com meu/minha...

» Veja Vocabulário 5: Relações familiares, p. 140

Me alojaré en (nombre del hotel). - Vou ficar no (nome do hotel).

2.8 Pegando um táxi do aeroporto para o hotel (Diálogo)
- Tomando un taxi del aeropuerto al hotel (Diálogo)

ᴵᴵᴵᴵᴵ Pista 7

Juan: ¡Taxi!
Taxista: ¡Buenos días! Permítame las maletas.
Taxista: ¿A dónde lo llevo?
Juan: Al Hotel Emperador, por favor.
Taxista: Muy bien, señor.
Juan: ¿A qué distancia estamos?
Taxista: A unos 40 minutos si no hay tráfico. ¿Ha venido por negocios?
Juan: Sí. Vengo a un congreso, pero también quiero divertirme un poco.
Taxista: Claro. Y aquí hay mucho para hacer.
Juan: ¿Cuánto le debo?
Taxista: 45 pesos.
Juan: Aquí tiene. Quédese con el vuelto.
Taxista: Gracias. Ya le bajo el equipaje. Listo. ¡Y que la pase bien en la ciudad!.
Juan: Gracias. Adiós.
» Veja a tradução do diálogo na p. 223

DICA CULTURAL 2 – INFORMACIÓN CULTURAL 2

A cidade autônoma de Buenos Aires, mencionada no diálogo, foi construída às margens do **Rio de la Plata**. Seus habitantes recebem o nome de **porteños** devido à importância econômica do porto no desenvolvimento da região. Os habitantes do resto da **Provincia de Buenos Aires** são chamados **bonaerenses**. A cidade ocupa 200 km² e nela moram 3 milhões de pessoas, mas o número de habitantes sobe para 10 milhões considerando as áreas metropolitanas ou **Gran Buenos Aires**.

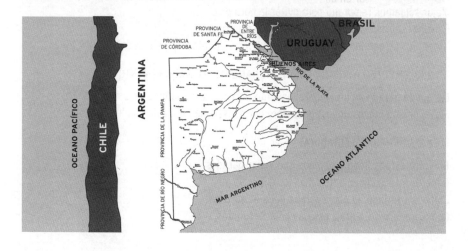

2.9 Pegando um táxi (Frases-chave) – Tomando un taxi (Oraciones útiles)

Por favor, llévame a la calle.... – Você pode me levar para a rua...?
¿Cuánto tardamos en llegar desde aquí? – Quanto tempo leva a corrida partindo daqui?
¿A qué distancia queda...? – Qual a distância até...?
¿Cuánto tiempo lleva ir de aquí a...? – Quanto tempo leva para chegar daqui até...?
¿Cuánto sale un taxi hasta...? – Quanto é uma corrida até...?
» Veja "Guia de referência gramatical 11": Orações interrogativas e exclamativas, p. 197
¿Hay mucho tráfico a esta hora? – O trânsito é ruim neste horário?
Por favor para/espera aquí. – Você pode, por favor, parar/esperar aqui?
Quédate con el vuelto. – Fique com o troco.

2.10 Vocabulário ativo: Pegando um táxi – Vocabulario activo: Tomando un taxi

CALLE: RUA

El hotel está ubicado en la calle Suipacha.
O hotel fica na **rua** Suipacha.
¿Puede repetirme el nombre de la calle?
O senhor poderia repetir o nome da **rua**?

ÓMNIBUS/AUTOBÚS*: ÔNIBUS

¡Hay demasiados autobuses en esta ciudad!
Esta cidade tem **ônibus** demais!
*colectivo (Argentina)/camión (México)/guagua (Venezuela)

HORA PICO*: HORA DO RUSH

Mejor salgamos temprano para evitar la hora pico.
É melhor sairmos mais cedo e evitar a **hora do rush**.
*Hora pico (Argentina)/Hora del taco (Chile)/Hora punta (Perú y España)

ATASCO, EMBOTELLAMIENTO: CONGESTIONAMENTO, ENGARRAFAMENTO

Me quedé parado en un embotellamiento durante casi una hora esta mañana.
Fiquei preso em um **congestionamento** por quase uma hora esta manhã.

LLENO(A): CHEIO(A), LOTADO(A)

El metro estaba lleno y tuvimos que viajar parados.
O metrô estava **cheio**, então tivemos que ir de pé.
Como era feriado, la playa estaba llena de turistas.
Como era feriado, a praia estava **cheia** de turistas.

2.11 Fazendo o check-in no hotel (Diálogo) – Registrándose en el hotel (Diálogo)

⏵ Pista 8

Recepcionista: ¿En qué puedo servirle?
Sr. García: Sí, tengo una reserva a nombre de García, Antonio García.
Recepcionista: Un momento, por favor. Sí, aquí está, Sr. García. Su reserva es para 6 días, ¿correcto?
Sr. García: Sí, exactamente.
Recepcionista: ¿Podría usted rellenar esta ficha?
Sr. García: Por supuesto.
Recepcionista: Su habitación es la 201. El botones le llevará el equipaje.
Sr. García: Gracias. A propósito, ¿tienen servicio de despertador?
Recepcionista: Sí, señor. ¿A qué hora desea que lo despertemos?
Sr. García: A las 7:30. Y una pregunta más, ¿a qué hora debo dejar la habitación?
Recepcionista: A las 12 am, señor.
Sr. García: Muchas gracias.
Recepcionista: De nada.
» Veja a tradução desse diálogo na p. 223

2.12 No hotel (Frases-chave) – En el hotel (Oraciones útiles)

CONHECENDO O HOTEL – CONOCIENDO EL HOTEL

¿Qué tipo de alojamiento es? – Qual é o tipo de acomodação?
¿Tienen piscina/sauna/gimnasio? – Vocês têm piscina/sauna/sala de ginástica?
¿Hay hidromasaje/gimnasio/sauna, etc.? – Tem hidromassagem/sala de ginástica/sauna/etc.?
¿Dónde está la pileta/sauna/etc. – Onde fica a piscina/sauna/etc.?
Está en el piso quince. – Fica no décimo quinto andar.
¿Hay minibar en la habitación? – Tem frigobar no quarto?

¿Las habitaciones tienen TV a cable? – Os quartos têm TV a cabo?
¿Hay caja de seguridad en la habitación? – Tem cofre no quarto?
¿Hay plancha en la habitación? – Tem ferro de passar no quarto?
» Veja "Guia de referência gramatical 17": haber x tener, p. 208
¿Tienen alguna habitación con cama king-size? – Você tem algum quarto com cama king-size?
» Veja "Guia de referência gramatical 17": haber x tener, p. 208
¿A qué hora se debe dejar la habitación? – A que horas é o check-out?
» Veja Dica cultural 4, p. 41

SERVIÇO DE QUARTO – SERVICIO DE HABITACIÓN

Preciso una almohada/toalla/manta/ un jabón – Preciso de um travesseiro/toalha/cobertor/ sabonete extra.
» Veja Vocabulário 17: Artigos de drogaria, p. 157
Preciso más perchas. – Preciso de mais cabides.
¿Tienen servicio de lavandería? – Vocês têm serviço de lavanderia?
¿Tienen servicio de lavado a seco? – Vocês têm serviço de lavagem a seco?
El televisor funciona mal. – A TV não está funcionando direito.
Parece que el control remoto está con un desperfecto. – Parece haver algum problema com o controle remoto.
El aire acondicionado/la calefacción no está funcionando bien. – O ar-condicionado/aquecimento não está funcionando bem.
El secador de pelo no funciona. – O secador de cabelos não está funcionando.
No hay papel higiénico en el baño. – Não há papel higiênico no banheiro.
» Veja "Guia de referência gramatical 17": Usos de haber x tener, p. 208
La cadena del baño no funciona. – A descarga não está funcionando.
El lavabo está tapado. – A pia está entupida.
La rejilla del baño está tapada.. – O ralo do banheiro está entupido.
¿Me puede(s) cambiar de habitación? – Eu poderia trocar de quarto?

PEDIDOS E NECESSIDADES – PEDIDOS Y NECESIDADES

¿Tienen servicio de despertador? – Vocês têm serviço de despertador?
¿Podrían despertarme a las 7, por favor? – Você pode-me acordar às 7 horas, por favor?
» Veja "Guia de referência gramatical 10": Uso dos pronomes de Objeto Direto e Indireto, p. 195
¿Hay algún parque aquí cerca donde pueda correr? – Tem algum parque aqui perto onde eu possa correr?
¿Hay algún lugar aquí cerca donde pueda cambiar dinero? – Tem algum lugar aqui perto onde eu possa trocar dinheiro?
¿Cómo está la cotización del Real? – Qual é a taxa de câmbio para o real?
Quisiera pedir un tentempié. – Gostaria de pedir um lanche.
» Veja Vocabulario 12: Comida, p. 146
Quisiera hacer una llamada a Brasil. – Gostaria de fazer uma ligação telefônica para o Brasil.

» Veja Você pode pedir para ele retornar a ligação? - Frases-chave: Ligações telefônicas, p. 95; Dica cultural 5, p. 41 e Vocabulário ativo: Ligações telefônicas, p. 96

¿Cómo hago para llamar a Brasil? – Como ligo para o Brazil?

» Veja Dica cultural 4, p. 41

¿Puedes pedirme un taxi, por favor? – Você pode me chamar um táxi?

» Veja Pegando um táxi - Frases-chave, p. 32

¿Dónde puedo alquilar un auto aquí cerca? – Onde posso alugar um carro aqui perto?

» Veja Alugando um carro - Frases-chave, p. 42

¿Tienen un centro de negocios donde pueda usar una computadora? – Você tem um centro de negócios onde eu possa usar um computador?

» Veja Vocabulário 24: O escritório, p. 163

Quisiera hacer una llamada de cobro revertido. – Gostaria de fazer uma ligação a cobrar.

» Veja Você pode pedir para ele retornar a ligação? - Frases-chave: Ligações telefônicas, p. 95, e Vocabulário ativo: Ligações telefônicas, p. 96

¿Podría fijarse, por favor, si hay algún mensaje para la habitación...? – O senhor pode, por favor, checar se há algum recado para o quarto...?

CONHECENDO AS ATRAÇÕES – PASEOS TURÍSTICOS

¿Qué lugares turísticos se pueden visitar aquí cerca? – Que lugares turísticos aqui perto há para se visitar?

¿Qué atracciones turísticas podemos visitar aquí cerca? – Que atrações aqui perto há para visitar?

Nos gustaría hacer un paseo. ¿Qué nos recomiendas? – Gostaríamos de passear, você recomenda algum lugar?

¿A qué distancia queda el centro de la ciudad? – A que distância está o centro da cidade?

¿Es seguro ir a pie? – É seguro ir a pé?

¿A qué distancia queda la playa? – A que distância está a praia?

¿Cómo se llega a...? – Como posso chegar a...

» Veja Tem uma agência do correio aqui perto? - Frases-chave: Pedindo indicação do caminho, p. 40, e Indicando o caminho, p. 40

¿Hay algún ómnibus que me deje en... – Tem ônibus para...

¿Podemos llegar en metro/ómnibus? – Podemos chegar lá de metrô/ônibus?

» Veja Tem uma agência do correio aqui perto? - Frases-chave: Pedindo indicação do caminho, p. 40, e Indicando o caminho, p. 40

¿Puedes pedirme/pedirnos un taxi, por favor? – Você pode chamar um táxi para mim/nós, por favor?

¿Cuánto cuesta un taxi hasta...? – Quanto custa uma corrida até...?

» Veja Pegando um táxi - Frases-chave, p. 31

REFEIÇÕES – COMIDAS

» Veja No restaurante - Frases-chave, p. 58 e Vocabulário 12: Comida e bebida, p. 146

¿A qué hora se sirve el desayuno/el almuerzo/la cena? – A que horas o café-da-manhã/o almoço/o jantar é servido?

¿**Hay un restaurante aquí cerca?*** – Tem um restaurante aqui perto?

» Veja "Guia de referência gramatical 17": Usos de haber x tener, p. 208

¿**Hay algún café cerca de aquí?*** – Tem uma lanchonete aqui perto?

¿**Hay algún restaurante de comida rápida cerca?*** – Tem um restaurante fast-food aqui perto?

¿**Dónde puedo comprar comida por aquí?** – Onde posso comprar comida aqui perto?

¿**Hay alguna rotisería por aquí cerca?*** – Tem um mercadinho aqui perto?

¿**Dónde queda el supermercado más cercano?** – Onde fica o supermercado mais próximo?

» Veja "Guia de referência gramatical 17": Usos de haber x tener, p. 208

DICA CULTURAL 3 – INFORMACIÓN CULTURAL 3

O café-da-manhã varia muito no mundo hispânico. Na Argentina o **desayuno** (quebra do jejum) é composto de uma infusão (chá, chá mate, café) com ou sem leite acompanhada de croissants (**medialunas**), pão ou torradas com manteiga e geléia ou doce de leite. Nas casas é muito comum começar o dia bebendo chimarrão com ou sem açúcar. Os mexicanos têm uma versão forte do café-da-manhã que inclui feijão, pimentão e **tortillas** (espécie de panqueca de farinha de milho).

» *Veja Vocabulário 12: Comida e bebida - O café-da-manhã, p. 146

3. VIAGEM PARA O EXTERIOR (PARTE 2)
- VIAJANDO AL EXTERIOR (PARTE 2)

3.1 Viagem para o exterior (Diálogo) - Viajando al exterior (Diálogo)

ıl|l| Pista 9

José: Tú has viajado mucho, ¿no? ¿Cuántos países has visitado ya?
Miguel: Unos diecisiete, creo. Pero todavía no conozco Perú.
José: ¿Qué es lo que normalmente te gusta hacer cuando llegas a un país que no conoces?
Miguel: Visitar todos los lugares turísticos... y también probar los platos típicos.
José: ¡Qué interesante!
» Veja a tradução desse diálogo na p. 224

3.2 Vocabulário ativo: Viagem aérea - Vocabulario activo: Viajes aéreos

COMISARIO(A) DE BORDO: **COMISSÁRIO(A) DE BORDO**

Había ocho comisarios de bordo en nuestro vuelo a Madrid.
Havia oito **comissários de bordo** no nosso vôo para Madrid.

TRIPULACIÓN: **TRIPULAÇÃO**

La tripulación estaba compuesta de diez personas: el piloto, el copiloto, el ingeniero de vuelo y siete comisarios de bordo.
A **tripulação** era composta de dez pessoas: o piloto, o co-piloto, o engenheiro de vôo e sete comissários de bordo.

AZAFATA: **AEROMOÇA**

Ceci es azafata de Iberia.
Ceci trabalha como **aeromoça** na Iberia.

DESPEGAR: DECOLAR

Nuestro avión despegó en el horario previsto.
Nosso avião **decolou** no horário previsto.

ATERRIZAR: ATERRISSAR

¿Podrías confirmarme si el vuelo 9601 ya ha aterrizado?
Você pode confirmar se o vôo 9601 já **aterrissou**?

HACER ESCALA: FAZER ESCALA

No esperábamos que el avión hiciera escala para cargar combustible.
Não esperávamos que o avião fosse **fazer escala** para reabastecimento.

ESCALA: ESCALA

Este vuelo a Barcelona es sin escalas.
Não há **escalas** neste vôo para Barcelona.

ADUANA: ALFÂNDEGA

Ahora tenemos que hacer aduana. ¿Tienes algo para declarar?
Vamos fazer a **alfândega** agora. Você tem algo a declarar?

TARIFA/SUPLEMENTO POR EXCESO DE EQUIPAJE: TAXA POR EXCESSO DE BAGAGEM

¿Cuál es la tarifa/el suplemento por exceso de equipaje?
Quanto é a **taxa por excesso de bagagem**?

CARRITO DE EQUIPAJE: CARRINHO PARA AS MALAS EM AEROPORTOS

"¡A ver si encontramos un carrito para poner las maletas!", dijo Pedro cuando llegó al aeropuerto.
"Vamos pegar um **carrinho** para colocar as malas!", disse Pedro assim que chegou no aeroporto.

CONSIGNA: GUARDA-VOLUMES

¿Sabes si hay consigna en el aeropuerto de Barcelona?
Você sabe se tem **guarda-volumes** no aeroporto de Barcelona?

VISA/VISADO: VISTO

¿Necesito visa para ir a Chile?
Preciso de **visto** para ir para o Chile?

PERDER EL AVIÓN: PERDER O VÔO

Si no quieres perder el avión, lo mejor es llegar dos horas antes.
Se você não quiser **perder o vôo**, o melhor é chegar duas horas antes.

3.3 Tem uma agência do correio aqui perto? (Diálogo) - ¿Hay un correo aquí cerca? (Diálogo)

🔊 **Pista 10**

Turista: Perdone. ¿Hay un correo aquí cerca?
Peatón 1: Lo siento, no sé decirle, no conozco este barrio. ¿Por qué no le pregunta a aquel joven?
Turista: Gracias.
Turista: Perdona. ¿Sabes si hay un correo cerca de aquí?
Peatón 2: Sí, hay uno en la otra cuadra. Sigue derecho y lo verás a tu izquierda.
Turista: Gracias. También necesito ir al banco. ¿Hay alguno cerca?
Peatón 2: El más cerca queda en Calle Junín. Dobla a la derecha en la próxima esquina, camina una cuadra y dobla otra vez a la derecha.
Turista: Muchas gracias.
Peatón 2: De nada.
» Veja a tradução desse diálogo na p. 224

3.4 Há uma agência do correio aqui perto? (Frases-chave) - ¿Hay un correo cerca de aquí? (Oraciones útiles)

TEM UMA AGÊNCIA DO CORREIO AQUI PERTO? - ¿HAY UN CORREO CERCA DE AQUÍ?

¿Dónde puedo comprar sobres y estampillas (Argentina)/sellos (España)? - Onde posso comprar selos e envelopes?
¿Dónde hay un buzón cerca? - Onde fica a caixa de correio mais próxima?
¿Cuántas estampillas/sellos necesito para mandar esta carta? - De quantos selos eu preciso para mandar esta carta?
¿A qué hora abre el correo? - Que horas o correio abre?
Preciso mandar esta encomienda a Brasil/Uruguay/etc. - Eu preciso enviar este pacote para o Brasil/o Uruguai/etc.

39

¿Cuánto cuesta el servicio expreso? – Quanto custa a entrega rápida?

Quisiera asegurar la encomienda. – Eu gostaria de enviar esse pacote com seguro.

¿En cuánto tiempo llega esta carta/encomienda a Brasil/Venezuela/etc.? – Quantos dias esta carta/pacote leva para chegar ao Brasil/à Venezuela/etc.?

No sé el código postal de ese lugar. – Não sei o CEP desse lugar.

¿Tienen (América)/Tenéis (España) tarjetas postales? – Vocês têm cartões-postais?

» Veja "Guia de referência gramatical 5": Formas de tratamento, p. 185

PEDINDO INDICAÇÃO DO CAMINHO – PARA PREGUNTAR CÓMO SE LLEGA A UN LUGAR

¿Hay un banco/un locutorio cerca? – Tem um banco/cabines de telefone aqui perto?

» Veja Dica cultural 4, p. 41

¿Sabes si hay una tienda de conveniencia(España)/un polirrubro o maxiquiosco (en Argentina) por aquí? – Você sabe se tem uma loja de conveniência aqui perto?

» Veja Dica cultural 5, p. 41 e Vocabulário 17: Artigos de drogaria, p. 157

¿Cómo llego a... desde aquí? – Como posso chegar até... daqui?

¿Puedes decirme cómo se llega a...desde aquí? – Você pode me explicar como chegar ao... daqui?

¿Es muy lejos para ir a pie? – É muito longe para ir a pé?

¿Se puede ir a pie? – Dá para ir a pé?

¿A qué distancia queda? – Qual é a distância?

¿Cuántas cuadras son desde aquí? – Quantos quarteirões daqui?

¿Se puede llegar en metro (España y América Latina)/subte (Argentina)? – Dá para chegar lá de metrô?

¿Se puede ir en autobús desde aquí? – Dá para ir de ônibus daqui?

¿Hay alguna estación de metro (España y América Latina)/subte (Argentina) cerca? – Há uma estação de metrô perto daqui?

¿Dónde queda la parada de ómnibus más cercana? – Onde é o ponto de ônibus mais próximo?

INDICANDO O CAMINHO – PARA EXPLICAR CÓMO SE LLEGA A UN LUGAR

Siga/Sigue derecho hasta la calle/avenida... – Continue reto até a rua/avenida...

Tienes que doblar en la próxima esquina. – Você tem que virar à direita na próxima rua.

Camina/Camine una cuadra y dobla/doble a la derecha. – Ande um quarteirão e vire à esquerda.

» Veja "Guia de referência gramatical 20": Forma e uso do imperativo, p. 212

Queda justo ahí en la esquina. – Fica logo ali na esquina.

Se puede ir a pie. – Dá para ir a pé.

Puedes ir a pie. – Você pode ir a pé.

Es más fácil si tomas el metro/un taxi. – É mais fácil se você pegar o metrô/um táxi.

» Veja Pegando um táxi - Frases-chave, p. 32 e Vocabulário ativo: Pegando um táxi, p. 32

En tu lugar, tomaría un autobús. – Se eu fosse você pegaria o ônibus.

Hay una estación de metro (España y América Latina)/subte (Argentina) aquí cerca. – Há uma estação de metrô aqui perto.

Hay una parada en la otra cuadra. – Tem um ponto de ônibus no próximo quarteirão.

» Veja "Guia de referência gramatical 17": Usos de haber x tener, p. 208

Puedes tomar el metro (España y América Latina)/subte (Argentina) en... – Você pode pegar o metrô na(o)...
Toma el autobús y bájate en... – Você pode pegar o ônibus e descer na(o)...
Puedes llegar en metro (España y América Latina)/subte (Argentina). – Você pode chegar lá de metrô.

> **DICA CULTURAL 4 – INFORMACIÓN CULTURAL 4**
> Os **locutorios** são estabelecimentos privados que oferecem cabines telefônicas onde se podem fazer ligações locais e internacionais mais baratas e de forma mais confortável do que utilizando um orelhão ou telefone público. São muito populares na Argentina e também na Espanha.

> **DICA CULTURAL 5 – INFORMACIÓN CULTURAL 5**
> Dizem que os **maxiquioscos** ou **polirrubros** são uma invenção argentina. São lojas com pequena área de atendimento ao público onde é possível comprar quase de tudo, começando por cigarros, chocolates, balas, bolachas e refrigerantes até aspirinas, band-aids e açúcar. Ficam abertos até tarde da noite.

3.5 Alugando um carro (Diálogo) – Alquilando un auto (Diálogo)

🔊 **Pista 11**
Atendiente: ¡Buenos días! ¿En qué puedo ayudarlo?
Turista: Queremos alquilar un auto por una semana.
Atendiente: Cómo no. ¿De dónde es usted?
Turista: De Brasil.

Atendiente: ¿Puedo ver su carné de conductor?

Turista: Sí. Aquí lo tiene.

Atendiente: Muy bien. ¿Qué tipo de vehículo desea?

Turista: Uno económico. No precisamos un baúl grande, porque somos sólo mi esposa y yo y no tenemos mucho equipaje. Y, dígame, el seguro ya está incluido?

Atendiente: Sí, el seguro está incluido en el precio, pero en caso de accidente o daño al vehículo, ud. tiene que pagar una franquicia.

Turista: ¿Y tiene algún tipo de seguro sin franquicia?

Atendiente: Sí, pero en ese caso tendrá que pagar un importe adicional.

» Veja a tradução desse diálogo na p. 224

3.6 **Alugando um carro (Frases-chave)** – **Alquilando un auto (Oraciones útiles)**

Precisamos un auto con maletero (España)/baúl (Argentina)/cajuela (México) grande. – Precisamos de um carro com porta-malas grande.

» Veja Vocabulário 6: O automóvel, p. 141

Queremos un auto económico. – Gostaríamos de um carro econômico.

¿Mi carné(España)/registro (Argentina) de conductor es válido aquí? – A minha carteira de motorista é válida aqui?

¿Qué tipo de seguro es ese? – Que tipo de seguro é esse?

¿Qué es lo que cubre el seguro? – O que o seguro cobre?

Queremos un seguro que tenga cobertura total. – Gostaríamos de cobertura total.

¿El tanque está lleno? – O tanque está cheio?

¿Podrías darme un mapa carretero ? – Você pode nos dar um mapa rodoviário?

¿Podemos devolver el auto en el aeropuerto? – Podemos devolver o carro no aeroporto?

¿Cuál es el límite de velocidad en esta ruta? – Qual é o limite de velocidade nesta estrada?

¿Esta es una autopista de peaje? – Esta estrada tem pedágio?

¿Qué pasa si el coche sufre una avería? – O que acontece se o carro quebrar?

» Veja Problemas com o carro - Frases-chave, p. 43

¿Qué pasa si me roban el auto? – O que acontece se o carro for roubado?

¿Qué sucede si se daña el coche? – O que acontece se o carro for danificado?

¿Qué ocurre si nos multan por exceso de velocidad? – O que acontece se formos multados por excesso de velocidade?

3.7 Problemas com o carro (Diálogo) – Problemas con el auto (Diálogo)

🔊 **Pista 12**

Martín: ¿Cuál es el problema?
Juan: No tengo la más mínima idea. No arranca.
Martín: ¿Quieres que le eche un vistazo?
Juan: Sí, por favor.
Martín: Me parece que es un desperfecto en la inyección electrónica. ¿No habías tenido problemas antes?
Juan: Que yo sepa, no. Todo funcionó bien hasta ahora.
Martín: Bueno, creo que vas a tener que llamar a un mecánico.
» Veja a tradução desse diálogo na p. 225

3.8 Problemas com o carro (Frases-chave) – Problemas con el auto (Oraciones útiles)

PROBLEMAS COM O CARRO (A) – PROBLEMAS CON EL AUTO (A)

Me parece que se pinchó un neumático (España y América Latina)/una goma (Argentina). – Parece que o pneu está furado.
Tráeme el gato así levantamos el auto. – Pega o macaco para levantar o carro.
Vamos a tener que colocar el neumático de repuesto (España y América Latina)/goma de auxilio (Argentina). – Vamos ter que colocar o estepe (pneu sobressalente).
El coche se rompió. – O carro quebrou.
Parece que el/la... no funciona. – Parece haver algo errado com o(a)...
» Veja Vocabulário 6: O automóvel, p. 141

Vamos a llamar un remolque. – Vamos chamar um guincho.

Hay que remolcar el auto hasta el taller más cercano. – O carro vai ter que ser guinchado para a oficina mais próxima.

Cerré el coche con las llaves dentro. – Tranquei o carro com as chaves dentro.

PROBLEMAS COM O CARRO (B) – PROBLEMAS CON EL AUTO (B)

Nuestro vehículo ha sufrido daños. – Nosso veículo foi danificado.

Chocamos el auto. – Nós batemos o carro.

No arranca. – Não está pegando.

El motor se para. – O motor está morrendo.

El auto calienta. – O carro está esquentando.

Me parece que los frenos no están funcionando bien. – Parece que o freio não está funcionando direito.

Hay que recargar la batería. – A bateria precisa ser recarregada.

Me parece que la caja de cambios está averiada. – Parece haver um problema com a caixa de câmbio.

» Veja Vocabulário 6: O automóvel, p. 141

Está perdiendo aceite. – Está vazando óleo.

¿Hay algún taller mecánico cerca de aquí? – Tem alguma oficina aqui perto?

¿Cuánto tiempo tardan en arreglarlo? – Quanto tempo vai levar para consertar?

3.9 No posto de gasolina (Frases-chave) – En la gasolinera (Key phrases)

Nos estamos quedando sin gasolina (España y América Latina)/nafta (Argentina). – Estamos ficando sem gasolina.

Vamos a tener que parar en una gasolinera(España)/estación de servicio (Argentina). – Vamos parar em um posto de gasolina.

¿Puede(s) llenar el tanque, por favor? – Pode completar, por favor?

¿Puedes verificar el aceite, por favor? – Você pode checar o óleo, por favor?

¿Puedes verificar los neumáticos (España y América Latina)/las gomas (Argentina), por favor? – Você pode checar os pneus, por favor?

» Veja Vocabulário 6: O automóvel, p. 141

¿Puedes limpiar el parabrisas, por favor? – Você pode lavar o pára-brisa, por favor?

¿Cuánto le debo? – Quanto lhe devo?

» Veja "Guia de referência gramatical 10": Uso dos pronomes de Objeto Direto e Indireto, p. 195

3.10 Trânsito ruim (Diálogo) - ¡Qué tránsito! (Diálogo)

ıı|ı|ı Pista 13
Néstor: Odio conducir cuando el tránsito está congestionado.
Jaime: Yo también, pero es siempre igual a la hora pico.
Néstor: ¿Y si tomamos una calle lateral? Tal vez haya menos tránsito.
Jaime: Sí, creo que vale la pena probar. ¿Conoces algún atajo?
Néstor: Me parece que sí. Dobla a la derecha en la próxima esquina.
» Veja a tradução desse diálogo na p. 225

3.11 Trânsito ruim (Frases-chave) - ¡Qué tránsito! (Oraciones útiles)

» Veja Vocabulário ativo: Pegando um táxi, p. 32
El tránsito en la avenida está congestionado. - O trânsito na avenida principal está congestionado.
Hay un embotellamiento monumental. - Há um enorme congestionamento.
Siempre hay mucho tránsito a la hora pico. - O trânsito é sempre ruim assim no horário do rush.
Perdona el atraso, pero el tránsito estaba parado. - Desculpe o atraso, fiquei preso no trânsito.
Si salimos más temprano evitamos la hora pico. - Se sairmos mais cedo evitamos a hora do rush.
¿Conoces algún atajo? - Você conhece algum atalho?
Um choque insignificante provocó un embotellamiento descomunal esta mañana. - Uma batidinha de nada causou um engarrafamento fora do comum esta manhã.
Hubo un choque múltiple/en cadena. - Houve um engavetamento.

3.12 Comprando roupas (Diálogo) – Comprando ropa (Diálogo)

🔊 **Pista 14**

Dependienta: ¿Puedo ayudarlo?
Tomás: Sí. Quisiera ver camisetas.
Dependienta: Mire estas. ¿Qué le parecen?
Tomás: No. ¿No tiene camisetas polo?
Dependienta: Sí. ¿De qué color la prefiere?
Tomás: No sé... verde o tal vez azul.
Dependienta: ¿Le gusta esta celeste?
Tomás: Sí. ¿Puedo probármela?
Dependienta: Por supuesto. ¿Qué talle usa?
Tomás: Normalmente uso talle 3.
Dependienta: Aquí tiene. Allí están los probadores.
Tomás: Gracias.
(Unos minutos después...)
Dependienta: ¿Cómo le queda?
Tomás: Me parece un poco apretada. ¿Tiene una más grande?
Dependienta: A ver... sí, aquí la tiene.
Tomás: Gracias.
(El cliente vuelve al probador y pocos minutos después...)
Tomás: Esta está bien. ¿Cuánto cuesta?
Dependienta: 42 pesos y está en oferta. La semana pasada las teníamos a 57.
Tomás: ¡Qué suerte! La llevo.
Dependienta: ¿No quiere ver alguna otra prenda?
Tomás: No, hoy no. ¿Aceptan tarjeta de crédito?
Dependienta: ¡Por supuesto!
» Veja a tradução desse diálogo na p. 225

3.13 Comprando roupas (Frases-chave) – Comprando ropa (Oraciones útiles)

FRASES DO ATENDENTE – LO QUE DICE EL/LA DEPENDIENTE(A)

» Veja Vocabulário 9: Roupas e calçados, p. 143

¿Puedo ayudarte? – Posso ajudá-lo?

¿En qué puedo servirle? – Em que posso ajudar o senhor?

¿Ya ha sido atendido(a)? – O(A) senhor(a) já foi atendido(a)?

¿Qué talla (España)/talle (Argentina) usas? – Que tamanho você usa?

¿Quieres probártelo/la/los/las? – Você gostaria de experimentar?

» Veja Vocabulário 9: Roupas e calçados, p. 143 e Vocabulário ativo: Roupas e calçados, p. 49 e "Guia de referência gramatical 10": uso dos pronomes de Objeto Direto e Indireto, p.195

Ya no nos quedan más... – Não temos mais...

Los (Las) hemos vendido todos(as). – Vendemos todos(as).

No trabajamos con... – Não trabalhamos com...

Los zapatos de mujer están en oferta. – Os sapatos femininos estão em promoção.

Ya te lo/la/los/las traigo. – Só um momento, vou pegar para você.

Los probadores están allí. – O provador fica ali.

¿Cómo te queda la camisa? – A camisa serviu?

¿No necesitas nada más? – Precisa de mais alguma coisa?

¿Quieres que lo/la/los/las envuelva para regalo? – Quer que embrulhe para presente?

¿En efectivo o con tarjeta? – Dinheiro ou cartão?

PERGUNTAS DO CLIENTE – PREGUNTAS DEL CLIENTE

Estoy buscando ropa sport/un traje/corbatas/etc. – Estou procurando roupas esportivas/um terno/gravatas/etc.

» Veja Vocabulário 9: Roupas e calçados, p. 143 e Vocabulário ativo: Roupas e calçados, p. 49

¿Podrías mostrarme camisas/pantalones/etc.? – Você pode me mostrar as camisas/calças/ etc.?

» Veja Vocabulário 9: Roupas e calçados p. 143 e Vocabulário ativo: Roupas e calçados p. 49

¿Podrías mostrarme ese vestido del escaparate (España)/ de la vidriera (Argentina)? – Você pode me mostrar este vestido da vitrine?

¿Puedo probármelo/la/los/las? – Posso experimentar?

¿Puedo probarme un talle mayor/menor? – Posso experimentar um tamanho maior/menor?

¿Tienes un talle menor/mayor? – Você tem um tamanho menor/maior?

¿Tienes esta prenda en azul/verde/etc. – Você tem essa peça em azul/verde/etc.?

¿Tienes ese vestido en rojo? – Você tem aquele vestido em vermelho?

¿Dónde queda el probador? – Onde é o provador?

¿Hay un espejo? – Tem espelho?

¿Cuánto cuesta esta camisa/este vestido? – Quanto é esta camisa/vestido/etc.?

¿Pueden envolverlo/la/los/las para regalo? – Pode embrulhar para presente?

¿Tienes camisas de manga corta? – Você tem camisas de manga curta?
¿A qué hora cierran? – Que horas vocês fecham?
¿Abren los domingos? – Vocês abrem no domingo?
¿Me dan descuento si pago en efectivo? – Vocês dão descontos para pagamento à vista?
¿Puedes darme una factura, por favor? – Você pode me dar nota fiscal, por favor?

COMENTÁRIOS DO CLIENTE – COMENTARIOS DEL CLIENTE
Sólo estoy echando un vistazo. Gracias. – Só estou olhando. Obrigado.
Es demasiado pequeño(a)/grande. – Está pequeno(a)/grande demais.
No me queda bien. – Não serve.
Estos zapatos me aprietan. – Estes sapatos estão apertados.
Esta camisa es demasiado suelta/justa. – Esta camisa está folgada/apertada.
Normalmente uso tamaño pequeño/mediano/grande. – Eu normalmente uso tamanho pequeno/médio/grande.

3.14 Uma grande liquidação (Diálogo) – Una gran liquidación (Diálogo)

🔊 **Pista 15**

Catalina: Esta semana comienza la gran liquidación de Filomena's. Todo con 20% de descuento.
Diana: ¿En serio? ¡No la podemos perder!
Catalina: Estaba pensando en ir el jueves por la tarde. ¿Qué opinas?
Diana: ¡Buenísimo! Además el jueves estoy libre. ¿Quieres que pase a buscarte a eso de las cuatro?
Catalina: Estupendo. Pero no podemos entusiasmarnos demasiado y comprar más de lo que realmente necesitamos.
Diana: Bien, ya veremos...
» Veja a tradução desse diálogo na p. 226

3.15 Uma grande liquidação (Frases-chave) – Una gran liquidación (Oraciones útiles)

¿Qué es lo que tienen en oferta? – Você tem alguma coisa em liquidação?
¿Los pantalones/camisas están en liquidación? – Você tem calças/camisas em liquidação?
» Veja Vocabulário 9: Roupas e calçados, p. 143 e Vocabulário ativo: Roupas e calçados, p. 49
¿Qué otras prendas están en oferta? – Que outras peças estão em liquidação?
¿Cuál es el precio normal de estas zapatillas (Arg)/estos tenis? – Qual é o preço normal destes tênis?
¿Dónde puedo encontrar más vestidos como este? – Onde encontro mais vestidos como este?
¿Tienes este jersey (España)/pulóver/suéter en mi talle? – Você tem este suéter no meu tamanho?
Todas las prendas están con 20% de descuento. – Todas as peças estão com 20% de desconto.

3.16 Vocabulário ativo: Roupas e calçados – Vocabulario Activo: Ropa y calzado

GRANDES ALMACENES: LOJA DE DEPARTAMENTOS

El Corte Inglés son los grandes almacenes más famosos de España. Allí puedes comprar de todo.
El Corte Inglés é uma **loja de departamentos** muito conhecida na Espanha. Você encontra de tudo lá.

CAMISA: CAMISA

CUELLO: GOLA

Necesito comprarme unas camisas nuevas. A las mías se les ha gastado el cuello.
Preciso comprar **camisas** novas. As que eu tenho têm a **gola** gasta.

FALDA (ESPAÑA)/POLLERA (ARGENTINA): SAIA

Ayer finalmente encontré la falda larga de seda que necesitaba para la fiesta.
Ontem finalmente achei a **saia** comprida de seda que preciso para a festa.

JERSEY (ESPAÑA)/PULÓVER;SUÉTER (AM): BLUSA DE LÃ

Si vamos a Buenos Aires en invierno voy a comprarme un pulóver como el tuyo.
Se formos a Buenos Aires no inverno vou comprar uma **blusa de lã** igual à tua.

VAQUEROS: JEANS

A Enrique le gustan los vaqueros desteñidos.
Enrique gosta de **jeans** desbotados.

TRAJE: TERNO

¿Siempre usas traje para ir a trabajar?
Você sempre usa **terno** para ir trabalhar?

CORBATA: GRAVATA

José se saca la corbata en cuanto llega a casa después del trabajo.
José tira a **gravata** assim que chega em casa do trabalho.

CAMPERA/CAZADORA DE CUERO: JAQUETA DE COURO

Me encanta esta campera de cuero. Me parece que me la voy a comprar.
Adorei essa **jaqueta de couro**. Acho que vou comprá-la.

ZAPATOS: SAPATOS

TACONES: SALTO

Esos zapatos de tacones finos son muy elegantes.¿Por qué no te los pruebas ?
Aqueles **sapatos** de **salto** fino são muito elegantes. Por que você não os experimenta?

OJOTAS/CHANCLAS: SANDÁLIAS DE DEDÃO, CHINELOS TIPO HAVAIANAS.

Para la playa lo mejor son las ojotas de goma.
Para a praia o melhor são os **chinelos tipo havaianas**.

PANTUFLAS: CHINELOS

¿No has visto mis pantuflas por ahí?
Você viu meus **chinelos** por aí?

SANDALIAS: SANDÁLIAS

Me encanta usar sandalias. Son tan cómodas.
Gosto de usar **sandálias**. Elas são tão confortáveis.

ZAPATILLAS/TENIS: TÊNIS

Necesito comprarme un nuevo par de zapatillas para ir al gimnasio.
Preciso comprar um novo par de **tênis** para ir na academia.

BOTINES/ZAPATILLAS DE FÚTBOL: CHUTEIRAS

Esas zapatillas de fútbol son buenísimas. ¿Cuánto las pagaste?
Essas **chuteiras** são legais mesmo. Quanto você pagou por elas?

4. ENTRETENIMENTO E DIVERSÃO
- ENTRETENIMIENTO Y DIVERSIÓN

4.1 Saindo para se divertir (Diálogo) - Saliendo a divertirse (Diálogo)

🔊 **Pista 16**

Tomás: ¿Qué tienes ganas de hacer hoy por la noche?
Laura: No sé. ¿Qué opinas de ir a ver una obra de teatro?
Tomás: Estupendo. Voy a echarle una ojeada al periódico para ver qué están dando. Veamos... En el teatro Cervantes hay un estreno. Se llama **Vidas Separadas**.
Laura: Me suena a drama y tú sabes que odio ese género. ¿Qué otras posibilidades hay?
Tomás: ¿Qué te parece **El Espía que me Traicionó**? Tiene muy buena crítica.
Laura: ¿A qué hora es la función?
Tomás: A ver... hay función a las 18 y a las 21.
Laura: Podríamos invitarlos a Sandra y a José.
Tomás: Buena idea. ¿Por qué no la llamas a Sandra y averiguas qué planes tienen para hoy a la noche?
Laura: ¡Bueno!

» Veja a tradução desse diálogo na p. 226

4.2 Saindo para se divertir (Frases-chave) - Saliendo a divertirse (Oraciones útiles)

COISAS QUE AS PESSOAS FAZEM PARA SE DIVERTIR (A) - LO QUE LA GENTE HACE PARA DIVERTIRSE (A)

¿Qué te gusta hacer para divertirte? - O que você gosta de fazer para se divertir?
¿Qué te gusta hacer en tu tiempo libre? - O que você gosta de fazer no tempo livre?
¿Qué tienes ganas de hacer hoy/hoy a la noche/este fin de semana? - O que você sente vontade de fazer hoje/hoje à noite/este fim de semana?

¿Qué te apetece hacer hoy por la noche/este fin de semana? – O que você gostaria de fazer hoje à noite/este fim de semana?

¿Te gustaría ir al cine conmigo? – Você gostaria de ir ao cinema comigo?

» Veja Convidando alguém para fazer algo - Frases-chave, p. 107

¿Qué te parece si vamos a la playa este fin de semana? – Que tal ir à praia este fim de semana?

¿La pasaste bien anoche en la fiesta? – Você se divertiu na festa ontem à noite?

¿Qué tipo de música te gusta? – Que tipo de música você gosta?

¿Cuál es tu deporte favorito? – Qual é o seu esporte favorito?

» Veja Vocabulário 10: Esportes, p. 144

¿Tienes algún hobby? – Você tem um hobby?

» Veja "Guia de referência gramatical 11": Orações interrogativas e exclamativas, p. 197

COISAS QUE AS PESSOAS FAZEM PARA SE DIVERTIR (B) – LO QUE LA GENTE HACE PARA DIVERTIRSE (B)

Me gusta ir al cine. – Gosto de ir ao cinema.

» Veja Tipos de filmes - Frases-chave (A) e (B), p. 55

Me gusta leer. – Gosto de ler.

Me gustan los deportes radicales. – Gosto de esportes radicais.

Colecciono estampillas/monedas antiguas/latas de cerveza/llaveros/etc. – Eu coleciono selos/moedas antigas/latas de cerveja/chaveiros/etc.

Me gusta oír música. – Gosto de ouvir música.

Me gusta jugar a las cartas.* – Gosto de jogar cartas.

Me gusta hacer deportes. – Gosto de praticar esportes.

» Veja Vocabulário 10: Esportes, p. 144

Generalmente prefiero quedarme en casa y descansar. – Geralmente prefiro ficar em casa e relaxar.

» Veja Vocabulário ativo: Férias, p. 64

Me gusta andar en bicicleta. – Gosto de andar de bicicleta.

Me gusta correr/el aerobismo – Gosto de correr.

» Veja Dica cultural 12, p. 72

Me gusta ver películas. – Gosto de assistir filmes.

Me gusta jugar al ajedrez/a las damas. – Gosto de jogar xadrez/damas.

Me gusta bailar. – Gosto de dançar.

Me gusta acampar/pescar. – Gosto de acampar/pescar.

» Veja Vocabulário ativo: Férias, p. 64

Me gusta caminar/hacer senderismo. – Gosto de fazer caminhada/trilha.

Tengo ganas de ir a la playa/al campo. – Tenho vontade de ir à praia/viajar para o interior.

» Veja Vocabulário ativo: Férias, p. 64 e "Guia de referência gramatical 9": Verbos como gustar, p. 194

> ***JOGANDO CARTAS** – JUGANDO A LAS CARTAS
> **Baraja:** baralho
> **Naipe/palo:** naipe
> **Trébol:** paus
> **Picas:** espadas
> **Corazones:** copas
> **Diamantes:** ouros
> **Mezclar las cartas:** embaralhar as cartas
> **Dar las cartas:** dar as cartas
> **Comodín:** trunfo

FALANDO SOBRE ESPORTES – HABLANDO DE DEPORTES

» Veja Vocabulário 10: Esportes, p. 144
¿Quién juega? – Quem está jogando?
¿Cómo van? – Quanto está o jogo?/Como está o placar?
¿Quién está ganando/perdiendo? – Quem está ganhando/perdendo?
El partido está empatado. – O jogo está empatado.
Van 2 a 1. – Está 2 a 1.
Recién metieron un gol. – Acabaram de fazer um gol.
Ganaron/perdieron. – Eles ganharam/perderam.
Jugaron tiempo extra/una prórroga/– Teve prorrogação.
Ganaron por penales. – Eles ganharam nos pênalties.
¿De qué equipo eres hincha? – Para qual time você torce?
Soy hincha de... – Eu torço pelo...
¿Practicas algún deporte? – Você joga alguma coisa?
» Veja Vocabulário 10: Esportes, p. 144
¿Quieres jugar? – Quer jogar?
Qué pena, no puedo, estoy lastimado. – Sinto muito, não posso, estou machucado.

DIZENDO QUE VOCÊ SE DIVERTIU – PARA DECIR QUE TE HAS DIVERTIDO

La pasé muy bien. – Eu me diverti bastante.
Me divertí mucho. – Eu me diverti muito.
Hace mucho que no la pasaba tan bien. – Não me divirto assim há anos.
Esa película/Ese libro es buenísima(o). – Achei aquele filme/livro/etc. superlegal.
» Veja "Guia de referência gramatical 13 e 15": Pretérito Indefinido e Pretérito Imperfecto, pp. 201 e 206

4.3 Um ótimo fim de semana (Diálogo) – Un fin de semana fantástico (Diálogo)

🎧 **Pista 17**

Teo: ¿Qué tal el fin de semana, Bubi?
Bubi: ¡Fantástico!
Teo: ¿Sí? ¿Qué hiciste?
Bubi: Bueno, el viernes vi un DVD muy gracioso. Nos reímos un montón.
Teo: ¿Cómo se llama?
Bubi: La Nona.
Teo: Ah, ¿y qué más hiciste?
Bubi: El domingo por la mañana fuimos al club a jugar al tenis y a la tarde pasamos por lo de unos amigos.
» Veja a tradução desse diálogo na p. 226

4.4 Um ótimo fim de semana (Frases-chave) – Un fin de semana fantástico (Oraciones útiles)

O QUE VOCÊ FEZ NO FIM DE SEMANA PASSADO? – ¿QUÉ HICISTE EL FIN DE SEMANA?

Vi una película. – Eu vi um filme.
» Veja Tipos de filmes – Frases-chave: (A) e (B), p. 55
Fui al shopping a comprar ropa. – Fomos ao shopping e compramos algumas roupas.
Viajé a la playa. – Viajei para a praia.
Nos quedamos en casa descansando. – Ficamos em casa e descansamos.
Fuimos a lo de mis suegros. – Visitei meus sogros.
No hicimos nada especial. – Não fizemos nada especial.
Fui al campo. – Fui para o interior.
Fuimos al club. – Fomos ao clube.
Jugamos al tenis/volei/básquetbol. – Jogamos tênis/vôlei/basquete/etc.

» Veja Vocabulário 10: Esportes, p. 144 e "Guia de referência gramatical 13": Pretérito Indefinido, p. 201

4.5 - Indo ao cinema (Diálogo) - Yendo al cine (Diálogo)

🔊 **Pista 18**

Victoria: ¿Ya has visto la última película de James Bond?
Pati: No, todavía no. ¿Y tú?
Victoria: No, yo tampoco. ¿Quieres ir hoy por la noche? La están pasando en el shopping Arcos.
Pati: Vale. Me encantan las películas de acción. Podemos comprar las entradas por la internet.
Victoria: ¡Buena idea!
» Veja a tradução desse diálogo na p. 227

4.6 Tipos de filmes (Frases-chave) - Tipos de películas (Oraciones útiles)

TIPOS DE FILMES (A) - TIPOS DE PELÍCULAS (A)

¿Qué tipo de películas prefieres? - Que tipo de filme você prefere?
¿Qué tipo de películas te gustan? - Que tipo de filme você gosta?
¿Te gustan las películas románticas/del oeste/de ciencia ficción/etc. - Você gosta de filmes românticos/de bangue-bangue/de ficção científica/etc.?

TIPOS DE FILMES (B) - TIPOS DE PELÍCULAS (B)

Me gustan las comedias. - Gosto de comédias.
Prefiero las películas románticas. - Prefiro filmes românticos.
Me gusta ver películas de acción. - Gosto de assistir a filmes de ação.
Me encantan las películas de suspenso. - Adoro suspenses.
Odio las películas de guerra/dramáticas. - Odeio filmes de guerra/dramas.
No soporto las películas del oeste. - Não suporto westerns.

55

Prefiero las películas de ciencia ficción. – Prefiro ficção científica.
Me gustan las series de televisión. – Gosto de seriados de televisão.
Las películas que más me gustan son las policiales. – Eu gosto mesmo é de filmes policiais.
» Veja "Guia de referência gramatical 9": Verbos como gustar, p. 194

4.7 O que tem para o jantar? (Diálogo) – ¿Qué hay para la cena? (Diálogo)

🔊 **Pista 19**

Ricardo: Querida, ¿qué hay hoy para cenar?
Liliana: Me parece que... pizza.
Ricardo: ¡Otra vez! Estoy harto de comer siempre pizza o sándwiches. Podríamos comer algo decente para variar, ¿no?
Liliana: Bueno. Entonces, ¿por qué no salimos a cenar afuera? ¿Qué tal probar ese restaurante nuevo que abrió a la vuelta?
Ricardo: Buena idea. Vamos.
» Veja a tradução desse diálogo na p. 227

FAMINTO (A) – HAMBRIENTO (A)

» Veja Vocabulário 12: Comida e bebida, p. 146
¿Tienes hambre? – Você está com fome?
¿Quiere(s) comer algo? – Gostaria de comer alguma coisa?
¿Qué te gustaría comer? – O que você gostaria de comer?
¿Qué tienes ganas de comer? – O que você está com vontade de comer?

FAMINTO (B) – HAMBRIENTO (B)

» Veja Vocabulário 12: Comida e bebida, p. 146
Tengo un poco de hambre. – Estou com um pouco de fome.
Estoy muerto(a) de hambre. – Estou morrendo de fome.
Estoy hambriento(a), vayamos a comer algo. – Estou faminto(a), vamos comer alguma coisa.

Tengo sed, vayamos a comprar algo para beber/tomar. – Estou com sede, vamos comprar algo para beber.
¿Qué hay para el almuerzo/la cena? – O que tem para o almoço/jantar?
Vayamos al patio (Argentina)/a la plaza (México)/a la feria (Venezuela) de comidas. – Vamos à praça de alimentação.
Vamos a comer algo. – Vamos comer alguma coisa.
Estoy harto(a) de comer comida basura. – Estou cheio(a) de comer porcaria.
No tengo mucho hambre; creo que voy a comer solo ensalada. – Não estou com muita fome, acho que só vou comer uma salada.

4.8 No restaurante (Diálogo) – En el restaurante (Diálogo)

🔊 **Pista 20**

Camarero: Buenas noches. ¿Desean hacer el pedido?
Samuel: Sí, creo que sí. ¿Qué vas a querer, querida?
Ana: Me parece que una ensalada de lechuga. No tengo mucho hambre.
Samuel: Bueno, entonces de entrada, para ella una ensalada de lechuga y para mí una sopa de verdura. ¿Con qué viene el bife a la plancha?
Camarero: Con arroz y legumbres, señor.
Samuel: Perfecto. Puede traerme uno.
Camarero: Entonces es una ensalada de lechuga, una sopa de verdura y un bife a la plancha.
Camarero: ¿Qué desean beber?
Ana: Para mí un jugo de naranja sin hielo, por favor.
Samuel: Y para mí una cerveza.
Camarero: Perfectamente. Un jugo de naranja y una cerveza.
Samuel: Ah, ¿podría traernos pan, por favor?
Camarero: Cómo no. Enseguida les traigo las bebidas.
Samuel: Gracias
» Veja a tradução desse diálogo na p. 227

4.9 No restaurante (Frases-chave) – En el restaurante (Oraciones útiles)

PEDINDO O CARDÁPIO – PARA PEDIR EL MENÚ

¿Puede traerme/traernos el menú/la carta, por favor? – Pode me/nos trazer o cardápio, por favor?
¿Puedo echarle un vistazo al menú/a la carta, por favor? – Posso dar uma olhada no cardápio, por favor?
Quiero ver el menú/la carta, por favor. (Cordialidad -) – Quero olhar o cardápio, por favor.
Quería ver el menú/la carta, por favor. (Cordialidad +) – Gostaria de olhar o cardápio, por favor.
Querría ver el menú/la carta, por favor. (Cordialidad ++) – Posso ver o cardápio, por favor?
Puedo ver la carta de vinos, por favor. – Posso ver a carta de vinhos, por favor?

DICA CULTURAL 6 – INFORMACIÓN CULTURAL 6

No Equador, assim como no Brasil, o **arroz con frijoles** (arroz e feijão) é prato obrigatório nas refeições. Na Argentina e na Espanha essa combinação não faz parte da cozinha local. No entanto, o arroz é um ingrediente fundamental em pratos tradicionais tais como a paella espanhola.

PERGUNTAS DO GARÇOM (A) – PREGUNTAS DEL CAMARERO (A)

¿Mesa para cuántas personas? – Quantas pessoas no seu grupo?
¿Desean hacer el pedido? – Você(s) está(ão) prontos para pedir?
¿Puedo tomarles el pedido? – Posso anotar o pedido de vocês?
¿Qué les sirvo/traigo? – O que posso trazer para vocês?

PERGUNTAS DO GARÇOM (B) – PREGUNTAS DEL CAMARERO (B)

¿Qué desea(n) beber? – O que você(s) gostaria(m) de beber?
¿Se les ofrece algo más? – Gostariam de mais alguma coisa?
¿Cómo quiere el bife/bistec, señor? – Como o senhor gostaria o seu bife?
¿Desean postre? – Gostariam de sobremesa?
¿Y de postre? – E de sobremesa?
Ya/Enseguida vuelvo. – Volto já.

DICA CULTURAL 7 – INFORMACIÓN CULTURAL 7

Na Argentina e no Uruguai, quando um restaurante indica que é **Tenedor Libre** (garfo livre) significa que você pode comer o quanto quiser por um preço fixo, preestabelecido.

FAZENDO O PEDIDO (A) – HACIENDO EL PEDIDO (A)

» Veja Vocabulário 12: Comida e bebida, p. 146
Grupo de cinco personas. – Grupo de cinco pessoas.
Somos cuatro. – Somos em quatro.

¿Tienen sector de no fumadores? – Vocês têm área para não fumantes?

Podemos hacer el pedido. – Estamos prontos para fazer o pedido.

¿Puede(s) tomar el pedido, por favor? – Pode por favor anotar o nosso pedido?

De primero quería una ensalada de lechuga, por favor. – Eu queria primeiro uma salada de alface, por favor.

» Veja Vocabulário 12: Comida e bebida, p. 146

Para empezar queremos una sopa de verdura, por favor. – Gostaríamos de começar com a sopa de legumes, por favor.

Tráiganos, por favor, pan con ajo y manteca. – Você pode nos trazer pão de alho e manteiga, por favor?

¿Sirven desayuno? – Vocês servem café-da-manhã?

» Veja Dica cultural 3, p. 36

FAZENDO O PEDIDO (B) – HACIENDO EL PEDIDO (B)

» Veja Vocabulário 12: Comida e bebida, p. 146

Sírvame la pechuga de pollo a la plancha con papas/patatas, por favor. – Vou querer o peito de frango grelhado com batatas, por favor.

Tráigame espagueti con albóndigas, por favor. – Eu queria o espaguete com almôndegas, por favor.

Quería bife/bistec con papas/patatas fritas, por favor. – Vou querer o bife com batatas fritas, por favor.

El bife/bistec lo quiero jugoso/a punto/bien cocido. – Eu queria o meu bife malpassado/no ponto/bem passado, por favor.

¿Qué tipo de pastas tienen? – Que tipo de massas vocês tem?

Quiero una hamburguesa con queso. – Vou querer um cheeseburguer.

» Veja Vocabulário 12: Comida e bebida, p. 146

DICA CULTURAL 8 – INFORMACIÓN CULTURAL 8

Na Argentina e no Uruguai, se você quiser comer um bom churrasco na brasa (**asado a la parrilla**), procure restaurantes da categoria **Parrilla** ou **Parrillada**. La **parrillada** também é um prato, que consiste em diferentes cortes de carne de vaca servidos numa grelha com brasas. Uma **parrillada completa** inclui **chinchulines** (intestino), **mollejas** (glândula timo) e **sesos** (miolo).

» Veja Vocabulário ativo: De dieta, p. 69

PEDINDO BEBIDAS – PIDIENDO BEBIDAS

» Veja Vocabulário 12: Comida e bebida, p. 146

Sírveme una coca normal, sin hielo, por favor. – Eu queria uma coca normal, sem gelo, por favor.

¿Qué gaseosas tienen? – Que tipos de refrigerante vocês têm?

¿Tienen jugo de naranja fresco? – Vocês têm suco de laranja feito na hora?

Quiero un jugo/zumo de piña/pomelo. – Eu queria um suco de abacaxi/grapefruit.

Para mí una cerveza, por favor. – Vou tomar uma cerveja.

Tienen cerveza de barril (México)/tirada (Argentina). – Vocês têm chope?

Queríamos un vino tinto/blanco. ¿Podría traernos la carta de vinos, por favor? – Queríamos vinho tinto/branco, você poderia trazer a carta de vinhos, por favor?

Un whisky/güisqui, por favor. – Eu queria uma dose de uísque, por favor.

¿Qué tipos de cóctel sirven aquí? – Que tipos de coquetéis vocês têm aqui?

DICA CULTURAL 9 – INFORMACIÓN CULTURAL 9

Na Argentina chopp é uma caneca para beber **cerveja**. Se você quiser beber um chope, peça uma **cerveza tirada** ou uma **cerveza de barril**.

Já na Espanha, se você quiser beber uma cerveja, peça "**Una caña, por favor**".

OUTROS PEDIDOS E COMENTÁRIOS – OTROS PEDIDOS Y COMENTARIOS

¿Puedes traerme una pajilla (España)/un sorbete (Argentina)/un popote (México), por favor. – Você pode me trazer um canudinho, por favor?

¿Podrías traerme un vaso con hielo, por favor? – Você pode me trazer um copo com gelo, por favor?

Tráiganos/Tráenos la sal/el azúcar, por favor. – Pode nos trazer o sal/açúcar, por favor?

» Veja Vocabulário 12: Comida e bebida - Temperos e condimentos, p. 151

¿Podría(s) ponernos pan y manteca? – Poderia, por favor, nos trazer pão e manteiga?

¿Podría(s) traernos queso rayado, por favor. – Pode nos trazer queijo ralado, por favor?

¿Podría(s) traerme otro tenedor/cuchillo/otra cuchara, por favor? – Pode me trazer outro garfo/faca/colher, por favor?

Un cenicero, por favor. – Um cinzeiro, por favor?

Consígueme unos escarbadientes/mondadientes, por favor. – Você pode me arrumar palitos de dente?

¿Puede(s) traernos más servilletas? – Pode nos trazer alguns guardanapos?

Por favor, ¿puede cambiar el mantel? – Poderia trocar a toalha de mesa, por favor?

Quería un café, por favor. – Vou tomar um café, por favor.

» Veja Dica cultural 10, p. 60

¿Dónde es el lavabo, por favor? – Onde é o toalete, por favor?

¿Qué tal tu plato? – Como está o seu prato?

¿Cuál es tu plato favorito/preferido? – Qual é o seu prato favorito?

» Veja Vocabulário 12: Comida e bebida, p. 146

DICA CULTURAL 10 – INFORMACIÓN CULTURAL 10

Em espanhol, se quiser beber um cafezinho, você tem que pedir **un corto**. Se preferir um cafezinho com uns pinguinhos de leite, peça **un cortado**, mas se quiser mais leite do que café, peça **una lágrima**.

AO FINAL DA REFEIÇÃO – HACIA EL FINAL DE LA COMIDA

El almuerzo/la cena estaba exquisito(a). – O almoço/jantar estava delicioso.
No puedo comer más, estoy repleto(a). – Não consigo comer mais nada, estou cheio(a).
Yo paso del postre – Acho que vou pular a sobremesa.
Voy a tomarme un helado de chocolate/vainilla. – Vou tomar um sorvete de chocolate/baunilha.
» Veja Vocabulário 12: Comida e bebida – Sobremesas, p. 150
Para mí solo un café. – Acho que só vou tomar um café.
Quiero un café exprés. – Vou tomar um café expresso.
¿Puede traernos la adición/cuenta, por favor? – Pode nos trazer a conta, por favor?
¿El servicio/La propina está incluido(a)? – O serviço/gorjeta está incluso(a)?
Creo que debemos dejarle propina al mozo (Argentina)/camarero/mesero (España). – Acho que deveríamos dar uma gorjeta para o garçom.
» Veja Dica cultural 11, p. 61
¿Puede darnos recibo, por favor? – Pode nos trazer um recibo por favor?

DICA CULTURAL 11 – INFORMACIÓN CULTURAL 11

A **propina** (gorjeta) nem sempre vem inclusa na **cuenta/adición** (Argentina e Uruguai) (conta). Nesses casos é de bom tom deixar uma gorjeta equivalente a aproximadamente 10% do total da conta.

4.10 Uma festa de aniversário (Diálogo) – Una fiesta de cumpleaños (Diálogo)

🔊 **Pista 21**

María: Cuánto me alegra que hayas podido venir.
Felipe: No me hubiera perdido esta fiesta por nada del mundo.
María: ¡Pasa, pasa! Dame tu abrigo.
Felipe: ¿Dónde está Héctor?

María: En la cocina cortando pan.

Felipe: ¿Y desde cuando ayuda en la cocina?

María: A decir verdad, no ayuda mucho.

Felipe: ¿Y dónde está el cumpleañero?

María: En la otra sala, con sus amigos.

Felipe: Esto es para Pepe. Si no le queda bien, puede cambiarlo.

María: Estoy segura de que le va a encantar. ¿Pero por qué no se lo entregas tú mismo?

Felipe: Claro, pero antes voy a saludar a los amigos.

» Veja a tradução desse diálogo na p. 228

4.11 Vocabulário ativo: Hora de festejar! - Vocabulario activo: ¡Vamos a celebrar!

CELEBRAR: **FESTEJAR**

"Me aumentaron el sueldo. ¡Vamos a celebrarlo!", le dijo Ricardo a sus amigos.
"Teve aumento de salário.Vamos **festejar**!", disse Ricardo aos amigos.

PARRANDERO: **LOUCO POR FESTAS**

Sabes que Bernardo es muy parrandero. Aunque no lo invitemos, seguro aparece en la fiesta.
Você sabe que o Bernardo é **louco por festas**. Mesmo se não o convidássemos tenho certeza de que ele apareceria!

HACER UNA FIESTA: **DAR UMA FESTA**

¿Sabías que Pía va a hacer una fiesta?
Você sabia que a Pía está **dando uma festa**?

CUMPLEAÑERO(A): **ANIVERSARIANTE**

El cumpleañero no se puso muy contento con la fiesta sorpresa.
O **aniversariante** não ficou muito feliz com a festa surpresa.

PASTEL (ESPAÑA)/TORTA (ARGENTINA) DE CUMPLEAÑOS: **BOLO DE ANIVERSÁRIO**

APAGAR LAS VELITAS: **APAGAR AS VELAS**

Rodolfo estaba tan emocionado que casi no pudo apagar las velitas de su torta de cumpleaños.
Rodolfo estava tão emocionado que mal pode apagar as velas no seu **bolo de aniversário**.

ANFITRIÓN: **ANFITRIÃO**

ANFITRIONA: **ANFITRIÃ**

INVITADOS: **CONVIDADOS**

Karin recibió muy bien a sus invitados. Fue una anfitriona excelente!
Karen recepcionou muito bem os **convidados**. Ela foi mesmo uma ótima **anfitriã**!

CUMPLIR AÑOS: **FAZER ANOS (DE IDADE)**

¿Sabías que Jorge cumple 18 años hoy?
Você sabia que o Jorge **está fazendo** 18 anos hoje?

RECIBIR REGALOS: **GANHAR PRESENTES**

¿Que regalos has recibido por tu cumpleaños?
Que **presentes** de aniversário você **ganhou** no seu aniversário?

4.12 Um ótimo lugar para passar as férias (Diálogo) – Un excelente lugar para pasar las vacaciones (Diálogo)

ıı|ı|ı Pista 22

Federico: En unos días te vas de vacaciones, ¿no?
Sergio: Sí y no veo la hora de que llegue ese día. Realmente necesito unos días de descanso.
Federico: ¿Vas a viajar?
Sergio: Sí. La hermana de mi esposa vive en Cuzco y vamos a visitarla.
Federico: ¡Cuzco! Queda en Perú, ¿verdad?
Sergio: Sí, cerca de Machu-Pichu, donde están las ruinas de una antigua ciudad inca. Y como a mí esposa y a mí nos interesa mucho la historia, vamos a aprovechar para conocerlas de cerca.
Federico: ¡Qué aventura! Espero que la pasen lindo.
Sergio: Sí, seguramente. Gracias.
» Veja a tradução desse diálogo na p. 228

4.13 **Vocabulário ativo: Férias** - Vocabulario activo: Vacaciones

PASAR VACACIONES: **PASSAR FÉRIAS**

¿Dónde pasaste las últimas vacaciones?
Onde você **passou** suas últimas **férias**?

RELAJARSE: **RELAXAR**

Estoy muy estresado. Necesito tomarme unos días de descanso para relajarme.
Tenho estado estressado ultimamente. Preciso tirar alguns dias de folga para **relaxar**.

PARQUE DE DIVERSIONES: **PARQUE DE DIVERSÕES**

Nos divertimos mucho ayer en el parque de diversiones.
Nos divertimos muito no **parque de diversões** ontem.

HACER DEDO: **PEDIR CARONA (NA ESTRADA)**

En las vacaciones fui con un grupo de amigos a Bariloche haciendo dedo.
Nas férias eu fui com uma turma de amigos até Bariloche **pedindo carona**.

IR A PESCAR: **IR PESCAR**

Diego y sus amigos van a pescar una vez por mes.
Diego e seus amigos **vão pescar** uma vez por mês.

ACAMPAR: **ACAMPAR**

¿Ya has acampado alguna vez?
Você alguma vez já **acampou**?

TIENDA/CARPA: **BARRACA**

"Este es un buen lugar para armar la carpa", determinó León.
"Esse é um ótimo local para montar a **barraca**", determinou León.

TOMAR SOL: **TOMAR BANHO DE SOL**

¿Te gusta tomar sol?
Você gosta de **tomar banho de sol**?

BRONCEARSE: **PEGAR UM BRONZE**

Claudia pasó horas en la piscina bronceándose.
Claudia passou horas deitada ao lado da piscina **pegando um bronze**.

PANTALLA/PROTECTOR SOLAR: **PROTETOR SOLAR**

No te olvides de ponerte pantalla solar. A esta hora los rayos del sol pueden lastimarte la piel.
Não se esqueça de usar **protetor solar**. Nesse horário os raios de sol podem ser prejudiciais a sua pele.

5. SAÚDE E BOA FORMA - SALUD Y BUENA FORMA

5.1 Uma visita ao médico (Diálogo) - En el consultorio médico (Diálogo)

🔊 **Pista 23**

Doctor: Buenas tardes. ¿Qué lo trae por aquí?
Federico: Es que me duele constantemente la cabeza y a veces me mareo.
Doctor: ¿Ha cambiado algo en su alimentación?
Federico: No.
Doctor: ¿Y su trabajo? ¿Ha trabajado más que de costumbre últimamente?
Federico: No, no he trabajado más de lo que siempre trabajo, pero siento como si el estrés fuese mayor.
Doctor: Voy a revisarlo. Sáquese la camisa, por favor y acuéstese en la camilla.
(Unos minutos después...)
Doctor: Aparentemente todo está en orden. Pero quiero que haga unos análisis de sangre. Y mientras tanto* tome aspirina cuando le duela la cabeza. No creo que sea nada grave.
» *Veja "Guia de referência gramatical 19": mientras x en cuanto x apenas x todavía, p 211
» Veja a tradução desse diálogo na p. 228

5.2 Uma visita ao médico (Frases-chave) - Una consulta médica (Oraciones útiles)

UMA VISITA AO MÉDICO (A) - EN EL CONSULTORIO MÉDICO (A)

¿Cuál es el problema? - Qual é o problema?
» Veja Vocabulário 14: O corpo, p. 154 e Vocabulário 15: No médico: sintomas e doenças, p. 155

65

¿Hace cuánto tiempo te sientes así? – Há quanto tempo você se sente assim?

¿Ya te sentiste así antes? – Você já se sentiu assim antes?

¿Tomas algún remedio/medicamento? – Você está tomando algum remédio?

¿Eres alérgico a algo? – Você é alérgico a alguma coisa?

¿Te duele aquí? – Dói aqui?

¿Dónde te duele? – Onde dói?

¿Puedes mover los brazos así? – Você consegue mexer seus braços assim?

» Veja Vocabulário 14: O corpo, p. 154

¿Has tenido relaciones sexuales sin protección? – Você fez sexo sem proteção?

¿Cuándo has sido tu última menstruación/regla? – Quando foi sua última menstruação?

Respira hondo. – Respire fundo.

Aspira y espira. – Inspire e expire.

¿Tienes problemas para dormir? – Você tem tido dificuldade para dormir?

¿Tienes algún otro síntoma? – Você tem algum outro sintoma?

» Veja Vocabulário 15: No médico - sintomas e doenças, p. 155

Vuelve a verme si no mejora en unos días. – Volte aqui se não se sentir melhor em alguns dias.

UMA VISITA AO MÉDICO (B) – EN EL CONSULTORIO MÉDICO (B)

Vamos a sacarle una radiografía de la rodilla/de los pulmones/etc. – Vamos fazer uma radiografia do seu joelho/pulmões/etc.

» Veja Vocabulário 14: O corpo, p. 154

Voy a tomarte la presión/la temperatura. – Vamos medir sua pressão/temperatura.

Me parece que te has torcido el tobillo. – Parece que você torceu o tornozelo.

Vamos a tener que enyesarte el brazo/el pie/la pierna. – Vamos ter que engessar seu braço/pé/perna.

Voy a ponerte una inyección. – Preciso te dar uma injeção.

Tienes que hacer un análisis de sangre. – Precisamos fazer exame de sangue.

Voy a recetarte un remedio. – Vou receitar um remédio para você.

Toma dos comprimidos a cada seis horas. – Tome dois comprimidos a cada seis horas.

Debes dejar de fumar o, al menos, trata de fumar menos. – Você deveria parar de fumar ou pelo menos tentar fumar menos.

Quédate en casa descansando durante dos días. – Você deve ficar em casa e descansar por dois dias.

Te sentirás mejor en unos días. – Você deve sentir-se melhor em alguns dias.

5.3 Sentindo-se doente (Diálogo) - Sintiéndose mal (Diálogo)

🔊 **Pista 24**

Sergio: ¡Hola, Felipe! ¿Qué te pasa? ¿Te sientes mal?
Felipe: A decir verdad, no estoy en uno de mis mejores días. Me duele la cabeza desde anoche y ahora tengo ganas de vomitar.
Sergio: ¡Qué mal, hombre! ¿Puedo hacer algo por ti?
Felipe: No, creo que no, pero gracias de todas formas. Ya me he tomado dos aspirinas desde ayer, pero no me han hecho mucho efecto.
Sergio: ¿Puede haber sido algo que comiste?
Felipe: No lo sé. No he comido nada diferente últimamente, pero puede ser... Si no se me pasa en un rato, me parece que voy a ir al médico.
Sergio: Haces bien.
» Veja a tradução desse diálogo na p. 229

5.4 Sentindo-se doente (Frases-chave) - Sintiéndose mal (Oraciones útiles)

SENTINDO-SE DOENTE (A) - SINTIÉNDOSE MAL

No me siento muy bien. - Não estou me sentindo muito bem.
» Veja Vocabulário 15: No médico: sintomas e doenças, p. 155
Me siento algo indispuesto. - Estou me sentindo um pouco indisposto.
Me engripé. - Estou com gripe.
Estoy muy resfriado(a). - Estou com um resfriado forte.
Me duele la cabeza. - Estou com dor de cabeça.
Me duele la garganta. - Estou com dor de garganta.
Tengo mucha tos. - Estou tossindo muito.
Tengo fiebre. - Estou com febre.

Estoy estornudando mucho. – Estou espirrando muito.
Tengo coriza/romadizo. – Estou com coriza.
Me gotea la nariz (más informal) – Estou com o nariz escorrendo.
Me sale sangre de la nariz. – Meu nariz está sangrando.

SENTINDO-SE DOENTE (B) – SINTIÉNDOSE MAL (B)

» Veja No dentista - Frases-chave, p. 70 e Vocabulário 16: No dentista, p. 156
Me duelen los oídos. – Estou com dor de ouvido.
Tengo la nariz tapada. – Meu nariz está entupido.
Tengo acidez. – Estou com azia.
Me duele la pierna/el brazo/el pecho. – Estou com dor na perna/no braço/no peito.
» Veja Vocabulário 14: O corpo, p. 154
Me duele(n) el/la/los/las _____. – Meu/Minha/Meus/Minhas _____ está (estão) doendo.
» Veja Vocabulário 14: O corpo, p. 154 e "Guia de referência gramatical 9": Verbos como gustar,
    p. 194
Tengo tortícolis. – Estou com torcicolo.
Noté un bulto aquí. – Notei um caroço aqui.
» Veja Vocabulário 14: O corpo, p. 154
Estoy flojo(a). – Estou me sentindo muito fraco(a).
No consigo mover el/la... _____. – Não consigo mexer meu/minha...
» Veja Vocabulário 14: O corpo, p. 154
Me quemé la mano. – Queimei minha mão.
Se me hinchó el/la _____. – Meu/Minha _____ está inchado(a).
» Veja Vocabulário 14: O corpo, p. 154

SENTINDO-SE DOENTE (C) – SINTIÉNDOSE MAL (C)

Estoy mareado(a). – Estou me sentindo tonto(a).
Creo que me voy a desmayar. – Acho que vou desmaiar.
No consigo respirar bien. – Não consigo respirar direito.
Tengo ganas de vomitar. – Sinto vontade de vomitar.
Me duele todo el cuerpo. – Estou com o corpo inteiro doendo.
Tengo que ir al baño. – Preciso ir ao toalete.
Estoy embarazada. – Estou grávida.
Este mes no me ha venido la regla. – Neste mês eu não fiquei menstruada.
Soy diabético(a) – Sou diabético(a).
Las inyecciones no me gustan. – Não gosto de injeções.
Transpiro mucho. – Estou suando muito.
Soy alérgico a _____. – Sou alérgico a _____.
Es una emergencia. – É uma emergência.
Tengo seguro médico. – Eu tenho plano de saúde.

5.5 É melhor você fazer regime! (Diálogo) – Te sugiero hacer régimen (Diálogo)

🔊 **Pista 25**

Gregorio: ¡Ostia! No es posible que haya engordado dos kilos en solo una semana.
Simón: Ese es el precio que pagas por comer comida basura.
Gregorio: Lo sé... Realmente tengo que hacer régimen.
Simón: También debes hacer ejercicio con más frecuencia. Últimamente no te he visto en el gimnasio. De todas maneras, deberías ir al médico antes de empezar una dieta.
» Veja tradução desse diálogo na p. 229

5.6 Vocabulário ativo: De dieta – Vocabulario activo: Haciendo régimen

HACER RÉGIMEN/DIETA: FAZER REGIME

Tomás decidió hacer régimen porque estaba gordo.
Tomás decidiu **fazer regime** já que estava gordo.

ENGORDAR: ENGORDAR, GANHAR PESO

David engordó desde que se casó.
O David tem **engordado** desde que se casou.

ADELGAZAR: PERDER PESO, EMAGRECER

Julia ya adelgazó cinco kilos desde que comenzó el nuevo régimen.
Jane já **perdeu uns cinco quilos** desde que começou uma nova dieta.

COMIDA RÁPIDA: COMIDA PREPARADA E SERVIDA COM RAPIDEZ E QUE NORMALMENTE TAMBÉM PODE SER PEDIDA PARA VIAGEM OU PARA SER ENTREGUE EM CASA (EX. HAMBÚRGUER, PIZZA, ESFIHA ETC.); FAST-FOOD

Estoy harto de comida rápida. Hoy podríamos ir a un restaurante de verdad.
Estou enjoado de **fast-food**. Vamos a um restaurante de verdade dessa vez!

COMIDA BASURA: COMIDA QUE NÃO É SAUDÁVEL PORQUE CONTÉM MUITA GORDURA, AÇÚCAR ETC.; "PORCARIA"

Has estado comiendo demasiada comida basura últimamente. ¿Qué tal comer algo más saludable para variar?
Você tem **comido porcaria** demais ultimamente. Que tal uma refeição saudável para variar?

HACER AYUNO: FAZER JEJUM

Algunos pueblos, como el musulmán, ayunan por motivos religiosos.
Muitos povos, como o muçulmano, **fazem jejum** por razões religiosas.

5.7 **No dentista (Diálogo)** – En el dentista (Diálogo)

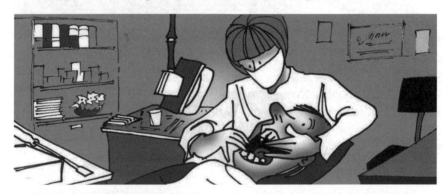

▶▶ **Pista 26**

Dentista: Bueno, ¿cuál es el problema?
Paciente: Ya hace un tiempo que me molesta una muela.
Dentista: Puede ser una caries. ¿Cuándo fue al dentista por última vez?
Paciente: Hace como tres años. Lo que pasa es que entro en pánico cuando escucho el motor del torno.
Dentista: No se preocupe, no va a sentir nada. Cierre los ojos y relájese.
Paciente: Voy a intentarlo.
» Veja a tradução desse diálogo na p. 229

5.8 **No dentista (Frases-chave)** – En el dentista (Oraciones útiles)

Tengo dolor de muelas. – Estou com dor de dente.
» Veja Vocabulário 16: No dentista, p. 156
Creo que tengo una caries. – Acho que tenho uma cárie.
Se me rompió un diente/una muela. – Estou com um dente quebrado.
Se me cayó una emplomadura (Argentina/Uruguay/Paraguay)/un empaste (España). – Perdi uma obturação.

Tengo dientes muy sensibles. – Meus dentes estão muito sensíveis.
Me duelen las encías. – Minhas gengivas estão doendo.

5.9 Mantendo-se em forma (Diálogo) – Mantenerse en forma (Diálogo)

🔊 **Pista 27**

Juan: ¡Hombre, tú sí que estás en forma!
Gustavo: Sí. Es que vengo haciendo ejercicios regularmente ya hace algún tiempo.
Juan: ¿Con qué frecuencia vas al gimnasio?
Gustavo: Por lo menos tres veces por semana, pero también hago aerobismo por las mañanas.
Juan: ¿En serio? ¡Qué bien! Me gustaría tener tiempo para hacer lo mismo.
Gustavo: Bueno, es una cuestión de organizarse. Yo solía decir lo mismo. Pero piensa lo importante que es tener un estilo de vida saludable.
Juan: Sí, me parece que tienes razón.
» Veja a tradução desse diálogo na p. 230

5.10 Mantendo-se em forma (Frases-chave) – Mantenerse en forma (Oraciones útiles)

MANTENDO-SE EM FORMA (A) – MANTENERSE EN FORMA (A)

Tú sí que estás en buena forma. – Você parece estar em forma.
Pareces estar fuera de forma. – Você parece estar fora de forma.
¿Con qué frecuencia haces ejercicios físicos? – Com que freqüência você malha?
¿Con qué frecuencia sales a correr/haces aerobismo? – Com que freqüência você corre?
» Veja Dica cultural 12, p. 72
¿Practicas deportes regularmente? – Você pratica esportes com regularidade?

¿Con qué frecuencia vas al gimnasio? – Com que freqüência você vai à academia?
¿Cuál es tu deporte preferido? – Qual o seu esporte preferido?
» Veja Vocabulário 10: Esportes, p. 144

MANTENDO-SE EM FORMA (B) – MANTENERSE EN FORMA (B)
» Veja Vocabulário 10: Esportes, p. 144
Me siento fuera de forma. – Sinto que estou fora de forma.
Yo solía jugar al fútbol cuando era más joven. – Eu jogava futebol quando era mais jovem.
Me entreno dos veces por semana. – Eu malho duas vezes por semana.
Voy al gimnasio tres veces por semana. – Vou à academia três vezes por semana.
Corro en la cinta (España)/trotadora (Puerto Rico)/caminadora (México) durante una hora todos los días. – Eu corro na esteira por uma hora todos os dias.
Salgo a correr/Hago aerobismo durante una hora todos los días. – Eu corro uma hora todos os dias.
» Veja Dica cultural 12, p. 72
Hago ejercicio físico todas las semanas. – Faço exercícios físicos toda semana.

DICA CULTURAL 12 – INFORMACIÓN CULTURAL 12
Tanto em espanhol quanto em português pode se utilizar a expressão **hacer cooper** (fazer cooper) para designar a ação de correr ao ar livre. A palavra **cooper** tem origem no nome do médico americano dr. Kenneth Cooper, que preconizava a corrida como uma das melhores formas de manter-se saudável.

5.11 Dicas de um personal trainer (Diálogo) – Consejos de un entrenador personal (Diálogo)

◀||||▶ Pista 28

Antonio: Me siento fuera de forma. Realmente necesito comenzar un programa de ejercicios. ¿Qué me recomiendas?

Entrenador personal: Bueno, si hace mucho que no haces nada, lo mejor es que primero te hagas un chequeo médico.

Antonio: Sí, ya lo había pensado.

Entrenador personal: Bien. Si todo está en orden, podemos empezar gradualmente un programa de ejercicios. ¿Te gusta hacer aerobismo?

Antonio: Sí. Pero me canso mucho después de algunos minutos.

Entrenador personal: Claro, porque estás fuera de forma. Debes comenzar lentamente y aumentar el ritmo poco a poco.

» Veja a tradução desse diálogo na p. 230

5.12 Vocabulário ativo: Mantendo-se em forma – Vocabulario activo: Mantenerse en forma

CORRER/HACER AEROBISMO: **CORRER**

Francisco hace aerobismo/corre tres veces por semana.
Francisco **corre** três vezes por semana.

HACER EJERCICIO/ENTRENARSE: **FAZER EXERCÍCIO FÍSICO, "MALHAR"**

GIMNASIA: **GINÁSTICA**

Hacer gimnasia regularmente te haría muy bien. ¿Ya lo has pensado?
Fazer **ginástica** regularmente faria bem a você. Já pensou nisso?

ENTRENAMIENTO: **TREINO**

Rafael tiene entrenamiento de básquet todos los jueves.
Rafael tem **treino** de basquete todas as quintas.

ENTRENADOR: **TREINADOR, TÉCNICO**

"Es necesario mucho entrenamiento y dedicación para ser un buen jugador", dijo el entrenador.
"É preciso muito treino e dedicação para ser um bom jogador", disse o **treinador**.

ZAPATILLAS/TENIS: **TÊNIS**

Norberto siempre usa unas zapatillas cómodas para hacer aerobismo.
O Norberto sempre usa **tênis** confortáveis para correr.

EN BUENA FORMA FÍSICA: **EM BOA FORMA FÍSICA**

Tú sí que estás en buena forma (física). ¿Qué haces para mantenerla?
Você parece estar em **boa forma física**. O que você faz para manter a **forma**?

LATIDO: **BATIMENTO (CARDÍACO)**

El ejercicio intenso aumenta los latidos y consecuentemente estimula la circulación.
O exercício intenso aumenta os **batimentos** e conseqüentemente estimula a circulação.

(GIMNASIA) AERÓBICA: **(GINÁSTICA) AERÓBICA**

Nora se siente mucho mejor desde que comenzó a hacer aeróbica.
Nora tem se sentido muito mais saudável desde que começou a fazer **aeróbica**.

FLEXIÓN: **FLEXÃO**

SENTADILLA: **ABDOMINAL**

Un buen programa de ejercicios físicos debe incluir sentadillas y flexiones.
Um bom programa de exercícios deve incluir uma série de **abdominais** e **flexões**.

6. LAR DOCE LAR - HOGAR DULCE HOGAR

6.1 Um novo lugar para morar (Diálogo) - Un nuevo lugar para vivir (Diálogo)

🔊 **Pista 29**

Helena: Me he enterado de que se van a mudar.
Silvia: Así es. Encontramos un departamento muy bonito a una cuadra de aquí. ¡Es perfecto! Tiene un dormitorio más y la sala es más grande.
Helena: Ustedes realmente necesitaban más espacio, ¿no?
Silvia: De verdad que sí. Ya no había lugar para nada más.
Helena: Me alegra que se queden en el mismo barrio.
Silvia: A mí también. Estamos tan acostumbrados a este barrio que no podíamos imaginarnos viviendo en ningún otro.
Helena: Avísame si necesitan ayuda con la mudanza. Sabes que Jaime tiene una picap.
» Veja a tradução desse diálogo na p. 230

6.2 Um novo lugar para morar (Frases-chave) - Un nuevo lugar para vivir (Oraciones útiles)

Necesitamos un departamento/una casa más grande. - Precisamos de um apartamento/casa maior.
Nuestra sala/cocina es demasiado pequeña. - Nossa sala/cozinha é pequena demais.
» Veja Vocabulário 18: A casa, p. 158
No tenemos lugar para nada más. - Não temos espaço para mais nada.
» Veja Vocabulário 19: Coisas e objetos da sala de estar, p. 158, Vocabulário 20: Coisas e objetos da cozinha, p. 159, Vocabulário 21: Coisas e objetos de dormitório, p. 160 e Vocabulário 22: Coisas e objetos do banheiro, p. 161
¿Por qué no van a una inmobiliaria? - Por que você não vai a uma imobiliária?

6.3 Conversando com um corretor de imóveis (Frases-chave)
– Conversando con un agente inmobiliario (Oraciones útiles)

CONVERSANDO COM UM CORRETOR DE IMÓVEIS (A) – CONVERSANDO CON UN AGENTE
INMOBILIARIO (A)

Buscamos un departamento de tres dormitorios. – Estamos procurando um apartamento de
três dormitórios.
Queremos mudarnos a un departamento más grande en el mismo barrio. – Gostaríamos de
mudar para um apartamento maior no mesmo bairro.
Precisamos un garaje para dos autos. – Precisamos de uma garagem para dois carros.
¿Tiene algún departamento para alquilar en este barrio cerca del metro/subte (Argentina)? –
Você tem algum apartamento perto do metrô para alugar neste bairro?
¿Cuál es el alquiler promedio de los departamentos de tres dormitorios en este barrio? –
Qual é o aluguel médio dos apartamentos de três dormitórios neste bairro?
¿Este barrio es tranquilo/seguro? – Este bairro é calmo/seguro?
**¿Podría mostrarnos los departamentos de tres dormitorios que usted tiene en venta en este
barrio?** – O senhor pode nos mostrar os apartamentos de três dormitórios que vocês têm à
venda neste bairro?
» Veja Vocabulário 18: A casa, p. 158

FALANDO COM UM CORRETOR DE IMÓVEIS (B) – CONVERSANDO CON UN AGENTE
INMOBILIARIO (B)

¿Qué valores tiene en mente? – Que faixa de preço o senhor tem em mente?
El alquiler promedio de los departamentos de tres dormitorios en está región es de $1.300. –
O aluguel médio dos apartamentos de três dormitórios nesta região é $1.300,00.
Los dormitorios de este departamento son bastante amplios. – Os dormitórios neste aparta-
mento são bastante espaçosos.
» Veja Vocabulário 18: A casa, p. 158
Este es un barrio muy bueno. – Este bairro é muito bom.
Este barrio es tranquilo/seguro/ruidoso/peligroso. – Este bairro é calmo/seguro/barulhento/
perigoso.
Permítame mostrarle la casa/el departamento. – Deixe eu lhe mostrar a casa/o apartamento.

6.4 Vocabulário ativo: Lar doce lar – Vocabulario activo: Hogar dulce hogar

(LAS) AFUERAS: SUBÚRBIO

Bernardo vive en las afueras de la ciudad.
Bernardo mora no **subúrbio**.
» Veja Dica cultural 13, p. 80

EXPENSAS: **CONDOMÍNIO, TAXA MENSAL PAGA PELOS MORADORES DE PRÉDIOS EM TROCA DE SERVIÇOS PRESTADOS, COMO LIMPEZA, PORTARIA, FORNECIMENTO DE ÁGUA ETC.**

El alquiler del departamento de David incluidas las expensas representa unos mil trescientos pesos.
O aluguel e o **condomínio** do apartamento do David custam juntos mais ou menos mil pesos.

CONSERJE: **ZELADOR**

¿Sabes dónde esta el conserje? Parece que el ascensor se ha averiado.
Você sabe onde o **zelador** está? Parece que o elevador está com problemas.

ASCENSOR: **ELEVADOR**

Tendrán que subir por la escalera. El ascensor está roto.
Vocês têm que ir pela escada. O **elevador** está quebrado.

HOGAR: **LAR**

En esta tienda encontrarás todo lo que necesitas para el hogar: sábanas, toallas y electrodomésticos.
Nessa loja você encontrará tudo o que você precisa para o seu **lar**: lençóis, toalhas e eletrodomésticos.

HIPOTECA: **HIPOTECA**

Henrique estará muy contento ahora que terminó de pagar la hipoteca de su casa.
Henrique deve estar contente agora que quitou a **hipoteca** da casa.

6.5 Meu afazer doméstico preferido (Diálogo) – Mis tareas domésticas preferidas (Diálogo)

🔊 **Pista 30**

Pablo: ¿Es cierto que tú ayudas a tu esposa en las tareas domésticas?
David: Claro. Trato de hacer lo máximo posible. En realidad lo que prefiero es lavar la vajilla.

77

Pablo: ¿Ustedes tienen empleada doméstica?
David: No, pero tenemos una persona que viene dos veces por semana a hacer la limpieza pesada y a lavar ropa.
Pablo: ¡Bueno, eso ya ayuda bastante!
David: ¡Y cómo! Mi esposa tiene un empleo a tiempo parcial y además tenemos tres hijos, así que a ella no le sobra tiempo para nada.
Pablo: ¡Sé cómo es!
» Veja a tradução desse diálogo na p. 230

6.6 **Vocabulário ativo: Afazeres domésticos – Vocabulario activo: Tareas domésticas**

» Veja também Vocabulário 11: Afazeres domésticos e outras atividades, p. 145

LIMPIAR: **LIMPAR**

LIMPIO: **LIMPO**
¿Puedes ayudarme a limpiar el altillo?
Você pode me ajudar a **limpar** o sótão?

SACAR EL POLVO: **TIRAR O PÓ**
¡No te olvides/se olvidé de sacarle el polvo a la mesa, por favor!
Não se esqueça de **tirar o pó** da mesa, por favor!

POLVO: **PÓ**

ESTAR LLENO DE POLVO: **EMPOEIRADO**
Esas sillas parecen estar llenas de polvo. ¡Quítaselo, por favor!
Aquelas cadeiras parecem realmente **empoeiradas**. Você pode tirar o pó delas, por favor?

BARRER: **VARRER**

ESCOBA: **VASSOURA**
¿Puedes barrer el piso, por favor? La escoba está allí.
Você pode por favor **varrer** o chão? A **vassoura** está ali.

SACAR LA BASURA: **LEVAR O LIXO PARA FORA**
Leonardo saca la basura todas las noches.
Leonardo **leva o lixo para fora** todas as noites.

LAVAR LOS PLATOS/LA VAJILLA: **LAVAR OS PRATOS/A LOUÇA**

Una de mis tareas domésticas preferidas es lavar los platos/la vajilla.
Um dos meus afazeres domésticos preferidos é **lavar os pratos**.

PLANCHAR LA ROPA: **PASSAR AS ROUPAS**

Nunca había planchado una camisa antes.
Nunca **passei** uma camisa antes.

PLANCHA: **FERRO DE PASSAR ROUPA**

CORTAR EL CÉSPED: **CORTAR A GRAMA**

¡Me gustaría que alguien me ayudara a cortar el césped!
Gostaria que alguém me ajudasse a **cortar a grama**!

PASAR LA ASPIRADORA: **PASSAR ASPIRADOR DE PÓ**

La empleada doméstica pasa la aspiradora por toda la casa una vez por semana.
Nossa empregada **passa aspirador** na casa uma vez por semana.

ASPIRADORA: **ASPIRADOR DE PÓ**

TAREA DOMÉSTICA: **SERVIÇO DOMÉSTICO**

Catalina detesta las tareas domésticas.
Catalina detesta fazer **serviço doméstico**.

6.7 Você sempre morou em apartamento? (Diálogo) – ¿Siempre has vivido en un departamento? (Diálogo)

ılı|ı **Pista 31**

Leonor: ¿Siempre has vivido en un departamento?
Lucas: De ninguna manera. Antes de casarme vivía en una casa grande en las afueras.
Leonor: Entonces debe haber sido un cambio muy grande para ti, ¿no?
Lucas: Al comienzo fue realmente difícil, estaba acostumbrado a mucho más espacio, pero ahora ya me acostumbré.
Leonor: ¿Crees que vivir en un departamento tiene ventajas?
Lucas: Bien, mira, tiene ventajas y desventajas, como todo. Pero me parece que una ventaja importante es la seguridad. Cuando viajamos es solo cerrar la puerta y listo. ¡No tenemos que preocuparnos!
» Veja a tradução desse diálogo na p. 231

> **DICA CULTURAL 13 – INFORMACIÓN CULTURAL 13**
> Em espanhol a palavra **suburbio** ou **arrabal** tem, como a palavra **subúrbio** em português, uma conotação negativa, o que não acontece com a expressão **vivir en la afueras**.

6.8 **Problemas com o apartamento (Diálogo)** – Problemas en el departamento (Diálogo)

ıılı||ı **Pista 32**

Esteban: Este departamento me está empezando a hartar.
Norberto: ¿Por qué? ¿Qué pasa?
Esteban: Bien, en primer lugar, el fregadero de la cocina está siempre tapado.
Norberto: ¿Ya has llamado a un fontanero?
Esteban: Sí, dos veces. Pero lo arreglan y unos días después reaparece el problema.
Norberto: Lo que pasa es que el departamento es muy antiguo.
Esteban: Sí, ya lo sé. Y tampoco funciona bien el desagüe del baño.
Norberto: Voy a serte sincero. Yo, en tu lugar, empezaría a buscar otro departamento.
» Veja a tradução diálogo na p. 231

> **DICA CULTURAL 14 – INFORMACIÓN CULTURAL 14**
> Para falar de um apartamento na América latina utilizamos a palavra **departamento** ou **apartamento**. Já os espanhóis preferem a palavra **piso** que, na Argentina, designa um apartamento que ocupa o andar inteiro.

6.9 **Problemas com o apartamento (Frases-chave)** – Problemas en el departamento (Oraciones útiles)

PROBLEMAS COM O APARTAMENTO (A) – PROBLEMAS EN EL DEPARTAMENTO (A)

» Veja Dica cultural 14, p. 80
El fregadero(España)/La pileta (Argentina) de la cocina está tapada. – A pia da minha cozinha está entupida.
» Veja Vocabulário 20: Coisas e objetos da cozinha, p. 159
El inodoro/El váter está tapado. – A privada está entupida.
» Veja Vocabulário 22: Coisas e objetos do banheiro, p. 161
No consigo hacer funcionar la cadena. – Não consigo dar descarga.
El ascensor/el lavarropa está roto. – O elevador/a máquina de lavar está quebrado(a).
La canilla (Argentina)/el grifo (España) gotea mucho. – A torneira está pingando muito.
La canilla (Argentina)/el grifo (España) pierde. – A torneira está vazando.
Parece que algo le pasa al desagüe. – Parece haver algo errado com o ralo.

El aire acondicionado/la calefacción no funciona bien. – O ar condicionado/aquecimento não está funcionando direito.
Hay una infiltración en el techo. – Tem um vazamento no teto.

PROBLEMAS COM O APARTAMENTO (B) – PROBLEMAS EN EL DEPARTAMENTO (B)
¿Qué problema tiene el lavarropa/la aspiradora? – Qual é o problema com a máquina de lavar roupa/o aspirador de pó?
¿Qué problema tiene el aire acondicionado? – Qual é o problema com o ar condicionado?
¿Puedes arreglarlo? – Você consegue consertá-lo?
¿Puedes destapar el fregadero/el váter? – Você pode desentupir a pia/a privada?
Es mejor llamar a un fontanero (España)/plomero (Argentina). – É melhor chamarmos um encanador.
Tenemos que hacer pintar las paredes. – Precisamos mandar pintar as paredes.
Hay que arreglar el piso. – O piso precisa ser consertado.
» Veja "Guia de referência gramatical 17": Usos de haber x tener, p. 208
Parece que hay una pérdida de gas. – Parece haver um vazamento de gás.

6.10 Vida familiar (Diálogo) – Vida familiar (Diálogo)

🔊 **Pista 33**
Malena: Dime, Federico, ¿tu familia es grande?
Federico: Sí. Tengo dos hermanos y una hermana melliza.
» Veja Vocabulário 5: Relações familiares, p. 140
Malena: ¡Una hermana melliza, qué interesante!
Federico: Sí, pero en realidad no nos parecemos mucho.
Malena: ¿Los ves a todos con frecuencia?
Federico: En realidad, no. Uno de mis hermanos vive muy lejos, así que lo veo solo una vez al año. Pero a los otros los veo más seguido. Además, toda la familia se reúne por lo menos una vez por año en Navidad.
» Veja a tradução desse diálogo na p. 231

7. NO TRABALHO - EN EL TRABAJO

7.1 Dois amigos falando sobre trabalho (Diálogo) - Dos amigos hablan de trabajo (Diálogo)

ıılıl Pista 34

Ernesto: ¿Qué te sucede? Pareces malhumorado.
Luis: A decir verdad, lo estoy. En realidad, estoy harto de hacer siempre el mismo trabajo día tras día. Ya sabes, eso de rellenar formularios y esas cosas.
Ernesto: ¿Ya has pensado en buscar otro trabajo?
Luis: Claro, últimamente les he estado echando una ojeada a los clasificados del periódico.
Ernesto: ¿Y qué tipo de trabajo tienes en mente?
Luis: No lo sé, algo más desafiador. No aguanto más esta rutina.
Ernesto: Te entiendo perfectamente.
» Veja a tradução desse diálogo na p. 232

7.2 Falando sobre trabalho (Frases-chave) - Hablando de trabajo (Oraciones útiles)

FALANDO SOBRE TRABALHO (A) - HABLANDO DE TRABAJO (A)

¿A qué te dedicas? - O que você faz?
» Veja Vocabulário 1: Ocupações, p. 133
¿Qué haces para ganarte la vida? - O que você faz para viver?
¿Qué tipo de trabajo realizas? - Que tipo de emprego você tem?
¿Te gusta tu trabajo? - Você gosta do seu emprego?
¿Te gusta lo que haces? - Você gosta do que faz?
¿Por qué no buscas otro trabajo? - Por que você não procura um outro emprego?

FALANDO SOBRE TRABALHO (B) – HABLANDO DE TRABAJO (B)

Soy... – Eu sou...
» Veja Vocabulário 1: Ocupações, p. 133
Trabajo con publicidad/ventas/mercadeo. – Eu trabalho com publicidade/vendas/marketing/etc.
Me encanta mi trabajo. – Adoro meu trabalho.
Estoy cansado(a) de mi rutina de trabajo. – Estou cansado(a) da rotina diária no trabalho.
No soporto a mi jefe. – Não suporto meu chefe.
Odio mi trabajo. – Odeio meu emprego.
» Veja Falando sobre como você se sente - Frases-chave, p. 115
Estoy pensando cambiar de trabajo. – Tenho pensado em mudar de emprego.

7.3 Você precisa diminuir o ritmo! (Diálogo) – ¡Necesitas disminuir el ritmo! (Diálogo)

⑴⑴⑴ Pista 35

Rafael: ¡Qué pálido estás! ¿Te sientes bien?
Diego: Sinceramente, no.
Rafael: ¿Por qué no te tomas el día libre y descansas un poco?
Diego: Creo que lo haré. He estado muy estresado últimamente.
Rafael: A veces necesitamos disminuir un poco el ritmo...
Diego: Me parece que tienes razón. Gracias.
» Veja a tradução desse diálogo na p. 232

7.4 Você precisa diminuir o ritmo! (Frases-chave) – ¡Necesitas disminuir el ritmo! (Oraciones útiles)

TRABALHO DEMAIS! – ¡HAY DEMASIADO TRABAJO!

Mi agenda hoy está muy llena. – Estou com a agenda bem cheia hoje.
Tengo mucho trabajo hoy. – Estou cheio(a) de trabalho hoje.
Estoy sobrecargado(a) de trabajo. – Estou atolado(a) em trabalho.
Ahora estoy ocupado(a) – Estou ocupado(a) no momento.
Estoy muy ocupado(a) en este momento. – Estou muito ocupado(a) no momento.
¿Podemos conversar en otro momento? – Podemos conversar outra hora?

HORA DE FAZER UMA PAUSA – HORA DE HACER UNA PAUSA

Basta/Hagamos una pausa. – Vamos fazer uma pausa.
Basta/Dejémoslo ya por hoy. – Vamos dar o dia por encerrado./Vamos parar por aqui.
Tengo que relajarme. – Eu preciso mesmo relaxar.
Necesito vacaciones. – Preciso muito de umas férias.
Necesito tomarme unos días libres. – Preciso de alguns dias livres/de descanso.
Hace mucho que no me tomo vacaciones. – Não tenho férias há um bom tempo.

7.5 Uma entrevista de emprego (Diálogo) - Una entrevista de trabajo (Diálogo)

🔊 **Pista 36**

Entrevistador: Bueno, en su currículo dice que ha trabajado en publicidad por más de 10 años.
Entrevistado: Es cierto. Empecé a trabajar en publicidad cuando egresé de la universidad.
Entrevistador: ¿Qué es lo que más le gusta de la publicidad?
Entrevistado: Bien, a decir verdad, la parte creativa. Desde niño me ha gustado crear logotipos y eslóganes.
Entrevistador: ¿Y por qué le gustaría trabajar con nosotros?
Entrevistado: Pienso que, por mi experiencia en el área, puedo contribuir con ideas para nuevos productos y campañas publicitarias.
Entrevistador: Usted sabe que fabricamos cabestrantes. ¿Está familiarizado con ese tipo de producto?
Entrevistado: En realidad nunca he trabajado con cabestrantes, pero estoy seguro de que puedo aprender rápidamente todo lo que se refiere al asunto. Además, trabajar con un producto nuevo es siempre un desafío.
Entrevistador: Entiendo...
» Veja a tradução desse diálogo na p. 232

7.6 Uma entrevista de emprego (Frases-chave) - Una entrevista de trabajo (Oraciones útiles)

Observação: Geralmente, as entrevistas de trabalho são situações formais e conseqüentemente em espanhol se utiliza a forma de tratamento **Usted**. No entanto, dependendo da empresa, do cargo, das características da empresa e da idade do entrevistador e do entrevistado, pode-se se utilizar o tratamento informal **tú**. Essa segunda possibilidade aparece entre parênteses.

PERGUNTAS DO ENTREVISTADOR – PREGUNTAS DEL ENTREVISTADOR

» Veja Vocabulário ativo: Trabalho e carreira, p. 88

¿Está(s) trabajando en algún lugar actualmente? – Você está trabalhando em algum lugar atualmente?

¿Por qué quiere(s) cambiar de empleo? – Por que você quer trocar de emprego?

¿Cuál es su (tu) formación? – Que tipo de formação você tem?

¿Podría(s) hablar un poco sobre su (tu) experiencia en el área? – Você poderia me contar um pouco sobre sua experiência nessa área?

¿Por qué le (te) gustaría trabajar con nosotros? – Por que você gostaria de trabalhar conosco?

¿De qué manera le (te) parece a usted (ti) que puede(s) contribuir con nuestra empresa? – Como você acha que poderia contribuir com a nossa empresa?

¿Cuáles son, en su (tu) opinión, sus (tus) cualidades más importantes? – Quais são suas principais qualidades na sua opinião?

» Veja Descrevendo traços de personalidade – Frases-chave, p. 103

¿Por qué salió (saliste) de su trabajo anterior? – Porque você largou o seu emprego anterior?

¿Le (Te) resulta fácil relacionarse(te) con la gente? – Você acha fácil relacionar-se com pessoas?

¿Cómo le (te) resulta trabajar en equipo? – Como você se sente em relação a trabalhar em equipe?

PERGUNTAS E FRASES DO ENTREVISTADOR – PREGUNTAS Y COMENTARIOS DEL ENTREVISTADOR

» Veja Vocabulário ativo: Trabalho e carreira, p. 88

¿Cuál es el tipo de trabajo que más le (te) gusta hacer? – Que tipo de trabalho você mais gosta de fazer?

¿Qué tipó de trabajo le (te) resulta aburrido? – Que tipo de trabalho você acha chato?

¿Cómo maneja(s) el tema de la presión? – Você consegue lidar bem com pressão?

¿Cuáles son sus (tus) principales puntos fuertes/débiles? – Quais são seus principais pontos fortes/fracos?

¿Cómo se (te) ve(s) profesionalmente en los próximos diez años? – Como você se vê profissionalmente daqui há dez anos?

Hábleme (Háblame) un poco de sus (tus) destrezas computacionales. – Você pode me falar um pouco sobre a sua habilidade com computadores?

¿Qué idiomas habla(s) fluidamente? – Que idiomas você fala fluentemente?

¿Ya has viajado al exterior por negocios? – Você já viajou para o exterior a negócios?

Su (Tu) currículo permanecerá en nuestro banco de datos y entraremos en contacto con usted (contigo) no bien tengamos un puesto vacante. – Manteremos o seu currículo no nosso banco de dados e entraremos em contato com você assim que tivermos uma vaga disponível.

» Veja "Guia de referência gramatical 19": mientras x en cuanto x apenas x todavía, p. 211

¿Cuándo puede(s) empezar a trabajar con nosotros? – Quando você pode começar a trabalhar conosco?

RESPOSTAS E COMENTÁRIOS DO ENTREVISTADO (A) – RESPUESTAS Y COMENTARIOS DEL ENTREVISTADO (A)

» Veja Vocabulário ativo: Trabalho e carreira, p. 88

Trabajo en el área de ventas/mercadeo/computadoras/propaganda/etc. – Eu trabalho com vendas/marketing/computadores/propaganda/etc. há muito tempo.

He oído hablar muy bien de su (tu) compañía y como es una empresa líder en el mercado me resultaría muy motivador poder trabajar con ustedes. – Eu só ouvi falar coisas boas da sua empresa, e como ela é uma das líderes de mercado eu me sentiria realmente motivado em trabalhar aqui.

Creo que, considerando mi experiencia previa en el área, mi dedicación y mi disposición para el trabajo, puedo dar una contribuición útil a la compañía. – Sinto que com minha experiência anterior na área, dedicação e bastante trabalho eu poderia realmente contribuir para a sua empresa.

Soy una persona dinámica/motivada/dedicada/trabajadora/etc. – Sou uma pessoa dinâmica/motivada/dedicada/trabalhadora/etc.

» Veja Descrevendo traços de personalidade – Frases-chave, p. 103

Aprendí mucho en mi trabajo anterior, pero decidí que había llegado el momento de tener otras experiencias. – Eu aprendi bastante no meu emprego anterior mas resolvi que estava na hora de ter outras experiências.

» Veja "Guia de referência gramatical 13": Pretérito Indefinido, p. 201

Estoy realmente dispuesto a aprender más y a aceptar nuevos desafíos. – Estou realmente disposto a aprender mais e aceitar novos desafios.

Me resulta fácil relacionarme con la gente. – Tenho facilidade de me relacionar com as pessoas.

Me siento muy cómodo tratando con gente. – Sinto-me muito à vontade lidando com pessoas.

RESPOSTAS E COMENTÁRIOS DO ENTREVISTADO (B) – RESPUESTAS Y COMENTARIOS DEL ENTREVISTADO (B)

Me gusta la parte administrativa/creativa del trabajo. – Eu gosto da parte administrativa/criativa do serviço.

Me gusta el gerenciamiento de personas. – Eu realmente gosto de gerenciar pessoas.

Suelo desempeñarme muy bien en situaciones de estrés. – Eu normalmente me saio muito bem em situações estressantes.

Ya he trabajado en ese tipo de ambientes. – Já trabalhei nesse tipo de ambiente antes.

Fui responsable por la implantación de... – Fui responsável por implementar...

Fui responsable por... – Fui responsável por...

» Veja "Guia de referência gramatical 13": Pretérito Indefinido, p. 201

Creo que uno de mis puntos fuertes es gerenciar personas. – Sinto que um de meus pontos fortes é gerenciar pessoas.

Soy diestro con las computadoras/los ordenadores (España) – Minha habilidade com computadores é muito boa.

Sé usar muy bien planillas, procesadores de texto y los programas más importantes. – Sei usar muito bem planilhas, processadoes de texto e todos os principais programas.

Hablo inglés/español/francés/etc. con fluidez. – Falo inglês/espanhol/francês/etc. fluentemente.

Puedo arreglármelas en español/alemán. – Consigo me virar com o meu espanhol/alemão.

Fui dos veces a España por negocios. – Estive na Espanha a negócios duas vezes.

Ya he estado en ferias comerciales en Canadá y en Inglaterra. – Já estive em feiras comerciais no Canadá e na Inglaterra.

¿Puedo pensarlo un poco y responderte en unos días? – Posso pensar um pouco mais e te dar uma resposta em alguns dias?

Puedo comenzar/empezar inmediatamente. – Posso começar imediatamente.

PERGUNTAS DO ENTREVISTADO – PREGUNTAS DEL ENTREVISTADO

» Veja Vocabulário ativo: Trabalho e carreira, p. 88

¿Cuánto tiempo hace que la compañía está en el mercado? – Há quanto tempo a empresa está no mercado?

¿Tienen sucursales en otros lugares? – Vocês têm filiais em outros lugares?

¿Tienen muchos competidores? – Vocês têm muitos concorrentes?

¿Es un puesto que requiere viajar mucho? – É preciso viajar muito nessa função?

¿Cuál es el horario de trabajo? – Qual é o horário de trabalho?

¿Qué beneficios ofrece la compañía? – Que tipo de benefícios a empresa oferece?

¿A cuánto tiempo de vacaciones tienen derecho los empleados? – A quanto tempo de férias os funcionários têm direito?

Y con relación a los planes de carrera, ¿la compañía ofrece oportunidades de ascensión? – E com relação a plano de carreira, a empresa oferece oportunidades de promoção?

¿Cuál es el sueldo inicial para ese puesto? – Qual seria o salário inicial para esse cargo?

¿Quién sería mi superior? – A quem eu me reportaria?

¿La compañía ofrece programas de entrenamiento y desarrollo? – A empresa oferece programas de treinamento e desenvolvimento?

¿Cuándo quieren que empiece a trabajar? – Quando vocês gostariam que eu começasse?

7.7 **Vocabulário ativo: Trabalho e carreira** – Vocabulario activo: Trabajo y carrera

CONTRATAR, EMPLEAR: CONTRATAR, EMPREGAR

Si la demanda se mantiene en alta, precisaremos contratar a un nuevo asistente.
Se a demanda se mantiver em alta, precisaremos **contratar** um novo assistente.

En Abas & Asociados me emplearon por un año para realizar tareas contables.
Fui **contratado** por Abas & Asociados por um ano para realizar serviços de contabilidade.

ECHAR, DESPEDIR: DEMITIR, DESPEDIR

Esa fábrica tuvo que echar/despedir a muchos obreros debido a la crisis financiera.
Aquela fábrica teve que **despedir** muitos operários devido à crise financeira.
La mayoría de los empleados despedidos fueron contratados nuevamente después de superada la crisis financiera.
A maioria dos funcionários **demitidos** foi recontratada depois que a empresa se recuperou da crise financeira.

EMPLEADOR: EMPREGADOR

Esa fábrica de automóviles es la mayor empleadora de la región.
Aquela fábrica de automóveis é a maior **empregadora** na região.

EMPLEADO: EMPREGADO(A), FUNCIONÁRIO(A)

Acabaron de contratar a tres nuevos empleados para el departamento de ventas.
Três novos funcionários acabaram de ser contratados para o departamento de vendas.

FUNCIONARIO: SERVIDOR PÚBLICO, EMPREGADO ESTATAL QUE OCUPA UM CARGO HIERARQUICAMENTE IMPORTANTE

Carlota es funcionaria de la Embajada Peruana en Buenos Aires.
Carlota é **funcionária** da Embaixada Peruana em Buenos Aires.

AGENCIA DE EMPLEO: AGÊNCIA DE EMPREGOS

Sandra decidió ir a una agencia de empleo para buscar otro trabajo.
Sandra decidiu ir a uma **agência de empregos** procurar um outro trabalho.

COMPAÑERO/COLEGA: COLEGA DE TRABALHO

COMEDOR: REFEITÓRIO SELF-SERVICE EM EMPRESAS, ESCOLAS, HOSPITAIS ETC.

Pablo suele almorzar con sus compañeros de trabajo en el comedor de la empresa.
Pablo geralmente almoça com os **colegas de trabalho** no refeitório da empresa.

DEPARTAMENTO DE RECURSOS HUMANOS (RH): DEPARTAMENTO DE RECURSOS HUMANOS (RH)

A Rafael lo contrataron para trabajar en el departamento de recursos humanos de una compañía importante.
Rafael arrumou um emprego no **departamento de recursos humanos** de uma grande empresa.

DE/A TIEMPO COMPLETO: DE/EM PERÍODO INTEGRAL

David trabaja a tiempo completo en una agencia de publicidad.
David trabalha em uma agência de publicidade **em período integral.**

DE/A TIEMPO PARCIAL: **DE MEIO EXPEDIENTE, DE MEIO PERÍODO; EM MEIO EXPEDIENTE .**

Julia está buscando un trabajo de tiempo parcial.
Julia está procurando um **emprego de meio período**.

FRANCO: **DIA DE FOLGA**

¿Qué haces en tus francos?
O que você faz no seu **dia de folga**?

TURNO: **TURNO DE TRABALHO**

¿Cuántos empleados trabajan en el turno de la noche?
Quantos funcionários trabalham no **turno** da noite?
Trabajé doble turno y estoy agotado. Solo quiero ir a casa y dormir.
Trabalhei em **turno** dobrado e me sinto exausto. Só quero ir para casa dormir.

LICENCIA/BAJA POR MATERNIDAD: **LICENÇA MATERNIDADE**

Juliana esta de baja por maternidad y recién volverá en cuatro meses.
Juliana está de **licença-maternidade** e só vai voltar para o trabalho daqui a quatro meses.

ADICTO(A) AL TRABAJO: **VICIADO EM TRABALHO, WORKAHOLIC**

No me sorprende que los amigos de Andrés lo consideren un adicto al trabajo. ¡No piensa en otra cosa!
Não é de admirar que os amigos de Andrés o chamam de **workaholic**. Ele só pensa em trabalho!

DAR PREAVISO: **DAR AVISO PRÉVIO**

Renunciar a un puesto sin dar preaviso es una actitud poco profesional.
Deixar um emprego sem **dar aviso prévio** é uma atitude pouco profissional.

COMPENSACIONES/RETRIBUCIONES ADICIONALES: **BENEFÍCIOS ADICIONAIS**

Las compensaciones adicionales incluyen un auto y seguro médico.
O pacote de **benefícios adicionais** inclui um carro e plano de saúde.

PLAN DE JUBILACIÓN: **PLANO DE APOSENTADORIA**

Entre las compensaciones adicionales la compañía también ofrece a sus empleados un plan de jubilación privado.
Entre outros benefícios a empresa oferece a seus funcionários um **plano de aposentadoria** privado.

OPORTUNIDADES DE ASCENSIÓN/PROMOCIÓN: **OPORTUNIDADES DE PROMOÇÃO**

Las compañías grandes normalmente ofrecen más oportunidades de ascensión que las pequeñas.
Uma empresa maior normalmente oferece mais **oportunidades de promoção** do que uma menor.

PLAN DE CARRERA: PLANO DE CARREIRA

El plan de carrera que ofrece esa empresa es realmente interesante.
O **plano de carreira** oferecido por aquela empresa parece mesmo interessante.

POSTULARSE A UN EMPLEO: CANDIDATAR-SE A UM EMPREGO

POSTULANTE/CANDIDATO: CANDITATO(A)

PUESTO: CARGO

Reúnes las cualificaciones requeridas para el puesto. ¿Por qué no te postulas?
Você tem as qualificações exigidas para o **cargo**. Por que você não se candidata àquele emprego?
La mayoría de los postulantes que entrevistamos hasta ahora no está cualificada para el puesto.
A maioria dos **candidatos** que entrevistamos até agora não é qualificada para o cargo.

PUESTOS VACANTES: EMPREGOS DISPONÍVEIS, VAGAS

¿Sabes si esa empresa tiene puestos vacantes en este momento?
Você sabe se aquela empresa tem **empregos disponíveis** no momento?

HISTORIAL PROFESIONAL/CURRÍCULO/CURRICULUM VITAE: CURRÍCULO, CURRICULUM VITAE, CV

¿Puede usted enviarnos su currículo por e-mail?
Você pode nos enviar seu **currículo** por e-mail?

JUBILARSE: APOSENTAR-SE

JUBILADO: APOSENTADO

El Sr. Gómez hijo asumió la dirección general cuando el Sr. Gómez padre se jubiló.
O Sr. Gómez filho assumiu como diretor-geral desde que o Sr. Gómez pai **aposentou-se**.

7.8 O que você acha do novo produto? (Diálogo) – ¿Qué opinas del nuevo producto? (Diálogo)

⑴⑴⑴ **Pista 37**

Martín: ¿Qué opinas del nuevo producto?
Ricardo: Me parece excelente. El perfume no tiene igual y hay un gran mercado para ese tipo de producto. Estoy seguro de que a todas las mujeres les va a gustar.
Martín: Yo estoy muy entusiasmado. ¿Cómo crees que deberíamos promocionarlo?
Ricardo: Bien, para empezar creo que tendríamos que colocar algunos anuncios en revistas y tal vez también en carteleras.
Martín: Me parece bien. No veo la hora de nuestra reunión con el equipo de marketing.
» Veja a tradução desse diálogo na p. 232

7.9 Falando sobre um novo produto ou idéia (Frases-chave) - Hablando de un nuevo producto o idea (Oraciones útiles)

Mi primera impresión es... - A minha primeira impressão é...
Me parece un producto excelente. - Acho que é um produto ótimo.
Creo que va a funcionar. - Acho que pode dar certo.
Estoy muy entusiasmado con el lanzamiento de este nuevo producto. - Estou realmente entusiasmado com o lançamento desse novo produto.
La idea es realmente interesante. - A idéia é realmente interessante.
Me parece que se va a vender como agua. - Acho que vai vender como água.
La idea me parece fantástica. - Acho a idéia fantástica.
¿Cuánto crees que hay que invertir? - Quanto você acha que temos que investir?

7.10 Vocabulário ativo: Uma reunião de negócios - Vocabulario activo: Una reunión de negocios

» Veja também Vocabulário ativo: O dinheiro movimenta o mundo, p. 99 e Vocabulário ativo: Usando computadores, p. 121

AGENDA: **AGENDA, PAUTA**

Cuál es el tema que sigue en el orden del día?
Qual é o próximo item na **agenda**?

ORDEN DEL DÍA: **AGENDA, PAUTA**

¿Cuál es el próximo asunto en la orden del día?
Qual é o próximo item na **agenda**?

SEDE/OFICINA CENTRAL: **MATRIZ, SEDE**

¿Dónde está ubicada la sede de su compañía?
Onde fica a **sede** da sua empresa?

SUCURSAL: **FILIAL**

Nuestra compañía tiene sucursales en las ciudades más importantes del país.
Nossa empresa tem **filiais** nas cidades mais importantes do país.

TERCERIZAR: **TERCEIRIZAR**

Tercerización/Outsourcing: terceirização
La estrategia de la empresa es concentrarse en su actividad principal y tercerizar los demás departamentos.
A estratégia da empresa é focar na **atividade principal** e **terceirizar** os outros departamentos.

PARTICIPACIÓN/CUOTA (ESPAÑA) DE MERCADO: **PARTICIPAÇÃO DE MERCADO**

La participación de mercado de nuestra compañía viene aumentando desde la adopción de una nueva estrategia de ventas.
A **participação de mercado** de nossa empresa vem aumentando desde que adotamos uma nova estratégia de vendas.

COMPETIDOR: **CONCORRENTE**

¿Su compañía tiene muchos competidores?
A sua empresa tem muitos **concorrentes**?

COMPETENCIA: **CONCORRÊNCIA**

La competencia entre los dos principales fabricantes de automóviles es realmente feroz.
A **concorrência** entre os dois principais fabricantes de automóveis é realmente acirrada.

ADQUIRIR: **ADQUIRIR**

La estrategia de crecimiento de esa compañía es ir adquiriendo poco a poco empresas menores.
A estratégia de crescimento daquela empresa é **adquirir** gradualmente negócios menores.

ADQUISICIÓN: **AQUISIÇÃO**

Su última adquisición fue una empresa de software en Chicago.
A **aquisição** mais recente deles foi uma empresa de software em Chicago.

FUSIONAR: **UNIR(-SE), FUNDIR(-SE)**

Las dos compañías decidieron fusionarse.
As duas empresas decidiram **fundir-se**.

FUSIÓN: **FUSÃO DE EMPRESAS**

Las ganancias han doblado desde la fusión.
Os lucros dobraram desde a fusão.

POLÍTICA: **POLÍTICA, NORMA DE CONDUTA**

¿Cuál es la política de la compañía en lo que se refiere al acoso sexual?
Qual é a **política da empresa** com relação a assédio sexual?

LANZAR UN PRODUCTO: **LANÇAR UM PRODUTO**

¿Su compañía ha lanzado algún producto nuevo este año?
A sua empresa **lançou** algum produto novo este ano?

LANZAMIENTO: **LANÇAMENTO**

Si todo sale bien, podremos realizar el **lanzamiento** del nuevo producto el próximo semestre.
Nós devemos conseguir fazer o **lançamento** do novo produto no próximo semestre se tudo correr bem.

CAMPAÑA PUBLICITARIA: **CAMPANHA PUBLICITÁRIA**

"Me parece que la campaña publicitaria tiene que incluir carteleras", dijo Roberto en la reunión.
"Eu acho que a **campanha publicitária** deveria incluir também outdoors", disse Roberto na reunião.

ANUNCIAR, HACER PUBLICIDAD, DIVULGAR: **ANUNCIAR, FAZER PUBLICIDADE, DIVULGAR**

¿Cómo piensan divulgar el nuevo producto?
Como vocês planejam **divulgar** o novo produto?

MUESTRA: **AMOSTRA**

¿Puedes mandarnos una muestra de tus productos?
Você pode nos enviar algumas **amostras** dos seus produtos?

FERIA COMERCIAL/DE NEGOCIOS: **FEIRA COMERCIAL, FEIRA DE NEGÓCIOS**

Esta año nuestra compañía tendrá un stand en la feria internacional de negocios en Barcelona.
Nossa empresa vai ter um estande na **feira** internacional **de negócios** em Barcelona este ano.

PRESUPUESTO: **ORÇAMENTO**

El departamento financiero es responsable por el presupuesto de la compañía.
O departamento financeiro é responsável pelo **orçamento** da empresa.

ALCANZAR EL PUNTO DE EQUILIBRIO: **ALCANÇAR O PONTO DE EQUILÍBRIO**

¿Cuánto tiempo tardaron en alcanzar el punto de equilibrio?
Quanto tempo levou para aquele novo negócio **alcançar o ponto de equilíbrio**?

PUNTO DE EQUILIBRIO: **PONTO DE EQUILÍBRIO**

A esa empresa alcanzar el punto de equilibrio le llevó un poco más de un año.
Aquela empresa levou pouco mais de um ano apenas para **alcançar o ponto de equilíbrio**.

ACCIONISTA: **ACIONISTA**

Los accionistas parecían satisfechos con los resultados que se presentaron en la reunión.
Os **acionistas** pareciam estar satisfeitos com os resultados apresentados na reunião.

OBJETIVO DE VENTAS: **METAS DE VENDAS**

Nuestro equipo consiguió alcanzar los objetivos de ventas establecidos para el tercer trimestre.
Nossa equipe conseguiu alcançar as **metas de vendas** para o terceiro trimestre.

7.11 Você pode pedir para ele retornar a ligação? (Diálogo) – Puede pedirle que me llame? (Diálogo)

🔊 **Pista 38**

Recepcionista: Viacom Internacional, Helena, buenos días.
Pablo: Buenos días. Quisiera hablar con el Sr. Fernández.
Recepcionista: Un momento, por favor, lo comunico con la secretaria.
Pablo: Gracias.
Secretaria: Hola.
Pablo: Sí, ¿podría hablar con el Sr. Fernández, por favor?
Secretaria: No corte, por favor, él está hablando con otra persona.
Pablo: Bueno.
(Unos segundos después...)
Secretaria: Sigue ocupado. ¿Quiere dejarle un mensaje?
Pablo: Sí, por favor. Mi nombre es Pablo Hernández. ¿Puede pedirle que me llame?
Secretaria: Por supuesto. ¿Él tiene su número?
Pablo: Creo que sí, pero mejor se lo dejo por cualquier cosa. Es 372-0984.
Secretaria: 3-7-2-0-9-8-4.
Pablo: Correcto. ¡Gracias!
Secretaria: De nada.
» Veja a tradução desse diálogo na p. 233

7.12 Fazendo uma ligação (Frases-chave) – Haciendo una llamada telefónica (Oraciones útiles)

PEDINDO AJUDA À TELEFONISTA – PIDIÉNDOLE AYUDA A LA TELEFONISTA

» Veja Vocabulário ativo: Ligações telefônicas, p. 96
Quisiera hacer una llamada a Brasil. – Gostaria de fazer uma ligação para o Brasil.
» Veja Dica cultural 4, p. 41

95

Quisiera hacer una llamada de cobro revertido... – Gostaria de fazer uma ligação a cobrar para...
No consigo comunicarme con... – Não consigo ligar para...
¿Podrías ayudarme a hacer una llamada a Brasil? – Você pode, por favor, me ajudar a ligar para o Brasil?
¿Cuál es el código de área de São Paulo/Rio de Janeiro/etc.? – Qual é o código de área de São Paulo/Rio de Janeiro/etc.?
¿Puedes hablar más despacio, por favor? – Você pode falar devagar, por favor?

LIGAÇÕES TELEFÔNICAS (A) – LLAMADAS TELÉFONICAS (A)

» Veja Vocabulário ativo: Ligações telefônicas, p. 96
¿Quién habla, por favor? – Quem está ligando, por favor?
¿Su nombre, por favor? ¿De qué se trata? – Quem gostaria de falar e qual é o assunto, por favor?
Espere un momento por favor. – Espere um segundo, por favor.
Aguarde un instante por favor. – Espere um segundo, por favor.
Lo comunico con... – Vou transferir você para...
Voy a transferir su llamada. – Vou transferir sua ligação.
La línea está ocupada. – A linha está ocupada.
El teléfono comunica (España). – A linha está ocupada.
¿Podrías llamarme más tarde? – Você pode me ligar depois?
Te llamo más tarde. – Te ligo mais tarde.
¿No quieres dejar un mensaje? – Você gostaria de deixar um recado?
Perdón, pero ese número no corresponde. – Desculpe, acho que você está com o número errado.

LIGAÇÕES TELEFÔNICAS (B) – LLAMADAS TELÉFONICAS (B)

» Veja Vocabulário ativo: Ligações telefônicas, p. 96
Hola, habla Pablo/Mariana. – Alô, aqui quem está falando é o Pablo/a Mariana.
Llamo a respecto de... – Estou ligando a respeito de...
Hablo de parte de... – Estou ligando em nome de...
¿Está el Sr. Sánchez/Susana? – O Sr. Sánchez/A Susana está?
¿Puedes pedirle que me llame? – Você pode pedir a ele/ela para retornar minha ligação?
Perdona, se escucha muy mal. Ya te vuelvo a llamar. – Desculpe, a ligação está péssima, posso te ligar de volta?
Dejé un mensaje en su contestador automático. – Deixei um recado na sua secretária eletrônica.
Por favor, no cuelgue(s). – Por favor, não desligue.
Disculpe, he marcado equivocado. – Desculpe foi engano!

7.13 Vocabulário ativo: Ligações telefônicas – Vocabulario activo: Llamadas telefónicas

DISCAR/MARCAR: DISCAR, LIGAR

En caso de emergencia, marque 911 para pedir ayuda.
Sempre que tiver uma emergência, ligue para 911 e peça ajuda.

ATENDER/COGER EL TELÉFONO: **ATENDER O TELEFONE**

¿Puedes atender el teléfono, por favor?
Você pode **atender o telefone** por favor?

CONTESTADOR AUTOMÁTICO: **SECRETÁRIA ELETRÔNICA**

Serafín dejó un mensaje en el contestador automático de Susana.
O Sereafín deixou um recado na **secretária eletrônica** da Susana.

LLAMAR DE VUELTA/DEVOLVER LA LLAMADA: **LIGAR DE VOLTA, RETORNAR UMA LIGAÇÃO**

PEDIR A ALGUIEN QUE DEVUELVA LA LLAMADA:

Ahora estoy medio ocupado. ¿Puedo llamarte de vuelta más tarde?
Estou meio ocupado agora. Posso te **ligar de volta** mais tarde?

COLGAR/CORTAR: **DESLIGAR O TELEFONE AO FINAL DE UMA CONVERSA, COLOCAR O TELEFONE NO GANCHO**

"No corte/cuelgue, por favor", dijo la telefonista.
"Não **desligue** por favor", disse a telefonista.

COLGARLE EL TELÉFONO EN LA CARA A ALGUIEN: **DESLIGAR O TELEFONE NA CARA DE ALGUÉM**

No puedo creer que me haya colgado el teléfono en la cara de esa manera.
Ainda não consigo acreditar que ela **desligou o telefone na minha cara** daquele jeito!

SE CORTÓ LA LLAMADA: **A LIGAÇÃO CAIU**

Estaba hablando con Jorge y la llamada se cortó.
Estava falando com o Jorge no telefone quando de repente a **linha caiu**.

INTERNO (ARGENTINA)/EXTENSIÓN (ESPAÑA): **RAMAL**

Usted se ha comunicado con GRS & Asociados. Por favor, disque el interno, aguarde para ser atendido, o pulse tres para dejar un mensaje después de la señal.
Você ligou para GRS & Asociados. Por favor disque o **ramal** desejado, espere para ser atendido ou tecle três e deixe um recado depois do bipe.

LLAMADA DE LARGA DISTANCIA: **INTERURBANO**

Necesito hacer una llamada de larga distancia. ¿Sabrías decirme si hay algún teléfono público cerca?
Preciso fazer um **interurbano**. Você sabe se tem um telefone público aqui perto?

TELÉFONO CELULAR/MÓVIL: **TELEFONE CELULAR**

¿Has visto mi celular? No sé dónde lo dejé.
Você viu o meu **celular** por aí? Não sei onde eu o deixei.

ALTAVOCES: **VIVA VOZ**

Un momento, por favor. Voy a conectar los altavoces para que todos puedan escucharlo.
Só um segundo. Vou colocar você **no viva voz** para todos lhe ouvirem.

7.14 O dinheiro movimenta o mundo (Diálogo) – El dinero hace girar el mundo (Diálogo)

ılıllı **Pista 39**

Javier: A veces me pregunto sobre el futuro del dinero.
Lucio: ¿Qué quieres decir?
Javier: Si el dinero va a desaparecer... me refiero a los billetes y las monedas, y qué es lo que va a reemplazarlo.
Lucio: De hecho, cada vez más personas usan solo tarjetas de crédito.
Javier: Sin duda esa es una tendencia fuerte, pero creo que lo que va a pasar es otra cosa. Lo que quiero decir es que con todos esos dispositivos tecnológicos que se están desarrollando, en algunos años solo tendremos dinero electrónico.
Lucio: Sí, es probable, pero en todo caso, el dinero siempre va a ser importante. Ya sabes, el dinero hace girar el mundo.
» Veja a tradução desse diálogo na p. 233

7.15 Sem tempo para passar em um caixa eletrônico (Diálogo) – Sin tiempo para pasar por un cajero automático (Diálogo)

ılıllı **Pista 40**

Teodoro: Hola, Marcos. ¿Puedes prestarme 20 pesos?
Marcos: Claro. ¿Para que los necesistas?
Teodoro: Te lo explico después. Estoy con prisa y no tengo tiempo de pasar por un cajero automático.
Marcos: Vale
» Veja a tradução desse diálogo na p. 234

DICA CULTURAL 15 – INFORMACIÓN CULTURAL 15
Moeda corrente de alguns países hispanofalantes:

Balboa (Panamá)	Bolívar (Venezuela)	Colón (Costa Rica)
Córdoba (Nicarágua)	Guaraní (Paraguai)	Lempira (Honduras)
Nuevo Sol (Perú)	Peso (Argentina)	Peso (Bolívia)
Peso (Chile)	Peso (Colômbia)	Peso (Cuba)
Peso (República Dominicana)	Peso (México)	Quetzal (Guatemala)
Sucre (Equador)		

7.16 Vocabulário ativo: O dinheiro movimenta o mundo - Vocabulario activo: El dinero hacer girar el mundo

MONEDA CORRIENTE: **MOEDA CORRENTE**

El guaraní es la moneda corriente en Paraguay.
O guarani é a **moeda corrente** no Paraguai.

PRESTAR: **EMPRESTAR**

¿Podrías prestarme cincuenta pesos? Te los devuelvo mañana.
Você pode me **emprestar** cinqüenta pesos? Pago de volta amanhã.
¿Puedes prestarme tu bolígrafo un segundo?
Você podia me **emprestar** sua caneta por um segundo?

(TASA DE) CAMBIO: **TAXA DE CÂMBIO**

Mejor esperar que la tasa de cambio nos sea más favorable. Si cambiamos ahora, vamos a perder dinero.
Vamos esperar por uma **taxa de câmbio** mais favorável. Nós vamos perder dinheiro se fizermos a troca agora.
¿Cómo está el cambio de euros para dólares ahora?
Qual é a **taxa de câmbio** do euro para o dólar agora?

PRÉSTAMO: **EMPRÉSTIMO**

SALDAR/LIQUIDAR: **QUITAR, PAGAR TUDO**

Los Domínguez quieren pedir un préstamo para liquidar sus deudas.
Os Domínguez estão pensando em fazer um **empréstimo** bancário para **quitar** as dívidas.

CUENTA DE AHORRO: **CONTA POUPANÇA**

¿Ya pensaste en abrir una cuenta de ahorro?
Você pensou em abrir uma **conta poupança?**

CUENTA CORRIENTE: **CONTA CORRENTE**

EXTENDER UN CHEQUE: **PREENCHER UM CHEQUE, FAZER UM CHEQUE**

CHEQUE NOMINATIVO: **CHEQUE NOMINAL**

¿Podría extenderme un cheque nominativo para "Cardoso & Hijos Ltda", por favor?
O senhor pode, por favor, **fazer o cheque nominal** para "Cardoso & Hijos Ltda"?

CHEQUE CONFORMADO: **CHEQUE ADMINISTRATIVO**

Si no confías en el comprador, pídele un cheque conformado.
Se você não confia no comprador, peça a ele um **cheque administrativo.**

CAJERO AUTOMÁTICO: **CAIXA ELETRÔNICO**

¿Sabes si hay un cajero automático aquí cerca?
Você sabe se tem um **caixa eletrônico** aqui perto?

SACAR/RETIRAR DINERO: **SACAR DINHEIRO**

Tengo que sacar/retirar dinero de mi cuenta para hacer unos pagos.
Preciso **sacar dinheiro** da minha conta para fazer alguns pagamentos.

REBOTAR (CHEQUES): **VOLTAR (CHEQUES)**

Me rebotaron este cheque (no tiene fondos)
O cheque **voltou** (não tem fundos).

CHEQUE SIN FONDOS: **CHEQUE SEM FUNDO**

Los bancos suelen cobrar por los cheques sin fondos.
Os bancos normalmente cobram pelos **cheques sem fundo**.

HACER UN GIRO ELECTRÓNICO: **FAZER UMA TRANSFERÊNCIA ELETRÔNICA, FAZER UM DOC**

Puedes pagar en efectivo, con cheque o hacer un giro electrónico, lo que te venga mejor.
Você pode pagar em dinheiro, cheque ou **fazer um doc**, o que você preferir.

HACER EFECTIVO UN CHEQUE: **TROCAR UM CHEQUE**

Tengo que ir al banco a hacer efectivo un cheque.
Preciso ir a um banco **trocar este cheque**.

BOLSA DE VALORES: **BOLSA DE VALORES**

Javier invierte la mayor parte de su dinero en la bolsa de valores.
Javier investe a maior parte de seu dinheiro na **bolsa de valores**.

ACCIONES: **AÇÕES**

Comprar acciones puede ser arriesgado si no sabes cómo funciona la bolsa de valores.
Comprar **ações** pode ser um negócio arriscado se você não sabe como a bolsa de valores funciona.

8. RELACIONAMENTOS - RELACIONES

8.1 Um novo namorado (Diálogo) - Un nuevo novio (Diálogo)

🔊 **Pista 41**

Perla: Estás distinta. En realidad, pareces más contenta, ¿qué pasó?
Carolina: ¿Se me nota tanto?
Perla: ¿Qué es lo que se te nota? ¿De qué estás hablando?
Carolina: Bueno, es que conocí a un chico...
Perla: ¡Qué genial! ¡Entonces es por eso! ¡Novio nuevo! Bueno, y ahora cuéntame cómo es.
Carolina: Bien, es alto, pero no demasiado y no es gordo ni delgado, tiene el pelo castaño claro y los ojos verdes. Mira, tengo una foto aquí en mi celular.
Perla: ¡Uau, qué buenmozo! ¡Qué suerte tienes!
Carolina: Sí, lo sé.
Perla: ¿Cuántos años tiene?
Carolina: Diecinueve, pero cumple veinte el mes que viene.
Perla: ¡Me alegro por ti!
» Veja a tradução desse diálogo na p. 234

DICA CULTURAL 16 – INFORMACIÓN CULTURAL 16
Em muitos países da América latina se festeja o Dia dos Namorados (**Día de San Valentín, Día de los Enamorados** ou **Día del Amor**) no dia 14 de fevereiro. No Uruguai, o **Día de los Enamorados** é no 21 de setembro e na Colômbia, nessa mesma data, se festeja o **Día del Amor y la Amistad** (Dia do Amor e da Amizade). Já na Argentina, mais importante do que o Dia dos Namorados é o **Día del Amigo** (Dia do Amigo) em 20 de junho.

8.2 Descrevendo características físicas (Frases-chave) - Describiendo características físicas (Oraciones útiles)

DESCREVENDO CARACTERÍSTICAS FÍSICAS: ALTURA E PESO - DESCRIBIENDO CARACTERÍSTICAS FÍSICAS: ALTURA Y PESO

¿Cómo es? - Qual é a aparência dele(a)?
Es de estatura mediana. - Ele(a) tem estatura mediana.
No es gordo(a) ni delgado(a). - Ele(a) tem peso mediano.
Es alto(a)/bajo(a). - Ele(a) é alto(a)/baixo(a).
Es gordo(a)/delgado(a). - Ele(a) é gordo(a)/magro(a).
Es esbelto(a). - Ele(a) é esbelto(a).
Es esquelético(a)/flaco(a). - Ele(a) é magricela.

DESCREVENDO CARACTERÍSTICAS FÍSICAS: CABELOS E OLHOS - DESCRIBIENDO CARACTERÍSTICAS FÍSICAS: CABELLO Y OJOS

Tiene pelo/cabello negro y largo. - Ele(a) tem cabelo preto comprido.
Tiene pelo/cabello rubio y corto. - Ele(a) tem cabelo loiro curto.
Tiene pelo castaño rizado. - Ele(a) tem cabelo castanho cacheado.
Es rubio(a)/moreno(a). - Ele(a) é loiro(a)/moreno(a).
Es pelirrojo(a). - Ele(a) é ruivo(a).
Tiene el pelo lacio. - Ele(a) tem cabelo liso.
Tiene el pelo ondulado. - Ele(a) tem cabelo ondulado.
Tiene ojos castaños. - Ele(a) tem olhos castanhos.
Tiene ojos castaño claros/oscuros. - Ele(a) tem olhos castanhos claros/escuros.
Tiene ojos verdes/azules - Ele(a) tem olhos verdes/azuis.

DESCREVENDO OUTRAS CARACTERÍSTICAS FÍSICAS - DESCRIBIENDO CARACTERÍSTICAS FÍSICAS

Es pelado. - Ele é careca.
Es medio pelado. - Ele é meio careca.
Usa peluca. - Ele usa peruca.
Usa/Tiene barba. - Ele usa/tem barba.
Tiene/Usa bigote. - Ele tem bigode.
Tiene chivita (Argentina)/perilla (España). - Ele usa/tem cavanhaque.
Es bonita/linda. - Ela é bonita/linda.
Es gordito(a). - Ele(a) é rechonchudo(a)/gordinho(a).
Es achaparrado. - Ele é atarracado.
Es musculoso. - Ele é sarado.
Tiene espalda ancha. - Ele tem costas largas.
Es atractivo(a). - Ele(a) é atraente.
Tiene un poco de sobrepeso. - Ele(a) está um pouco acima do peso.
Tiene cintura de avispa. - Ela tem cintura fina.
Tiene caderas anchas. - Ela tem quadril largo.

8.3 Descrevendo traços de personalidade (Frases-chave)
– Describiendo rasgos de personalidad (Oraciones útiles)

DESCREVENDO TRAÇOS DE PERSONALIDADE – DESCRIBIENDO RASGOS DE PERSONALIDAD

¿Cómo es? – Como ele(a) é? (Obs.: referindo-se à personalidade)
¿Cómo es tu hermana? – Como é a sua irmã?
Es extrovertido(a) y amable. – Ele(a) é extrovertido(a) e amigável.
Es educado(a) y responsable. – Ele(a) é educado(a) e responsável.
Es tímido(a) y tranquilo(a). – Ele(a) é tímido(a) e quieto(a).
Es serio(a) y confiable. – Ele(a) é sério(a) e confiável.
Es intelectual y metódico(a). – Ele(a) é intelectual e metódico(a).
Es conversador(a) y divertido(a). – Ele(a) é falante e engraçado(a).
Es maduro(a) y paciente. – Ele(a) é maduro(a) e paciente.
Es perfeccionista y organizado. – Ele é perfeccionista e organizado.
Es un tipo afable. – Ele é um cara tranqüilo/agradável.
Es comprensivo(a)/solidario(a). – Ele(a) é compreensivo(a)/solidário(a).

DESCREVENDO OUTROS TRAÇOS DE PERSONALIDADE – DESCRIBIENDO OTROS RASGOS DE PERSONALIDAD

Es divertido(a). – Ele(a) é divertido(a).
Es cálido(a). – Ele(a) é caloroso(a).
Es atento(a). – Ele(a) é atencioso(a).
Es sincero(a). – Ele(a) é sincero(a)/autêntico(a).
Es honesto(a). – Ele(a) é honesto(a).
Es confiable. – Ele(a) é confiável.
Es creativo(a). – Ele(a) é criativo(a).
Es dedicado(a). – Ele(a) é dedicado(a).
Es impaciente. – Ele(a) é impaciente.
Es comprensivo(a). – Ele(a) é compreensivo(a).
Es disciplinado(a). – Ele(a) é disciplinado(a).
Es encantador(a). – Ele(a) é charmoso(a).
Es elegante. – Ele(a) é elegante.
Es sensible. – Ele(a) é sensível.
Es leal/fiel. – Ele(a) é leal.

DESCREVENDO TRAÇOS NEGATIVOS DE PERSONALIDADE – DESCRIBIENDO RASGOS NEGATIVOS DE PERSONALIDAD

Es arrogante. – Ele(a) é arrogante.
Es aburrido(a). – Ele(a) é chato(a).
Es egoísta. – Ele(a) é egoísta.
Es exigente. – Ele(a) é exigente.
Es ambicioso(a). – Ele(a) é ganancioso(a).

Es celoso(a). – Ele(a) é ciumento(a).
Es mimado(a)/caprichoso(a). – Ele(a) é mimado(a).
Es grosero(a). – Ele(a) é grosseiro(a)/mal-educado(a).
Es maleducado(a). – Ele(a) é mal-educado(a).
Es insoportable/muy desagradable. – Ele(a) é insuportável/muito desagradável.
Es un(a) pesado(a). – Ele(a) é um pé-no-saco/um (uma) chato(a).
Es inquieto(a)/irrequieto(a). – Ele(a) é agitado(a)/irrequieto(a).
Es descuidado(a). – Ele(a) é relapso/descuidado(a).

8.4 **As separações são sempre difíceis! (Diálogo)** – ¡Las separaciones siempre son difíciles! (Diálogo)

⑾⑾ Pista 42

Sandra: ¡Qué cara tienes! ¿Qué te ocurre?
Zulma: Rompí con Jorge. Es eso.
Sandra: ¿Qué pasó? ¿Por qué se separaron?
Zulma: Mira, para empezar, me ha mentido varias veces. También me enteré de que estuvo saliendo con Julia, ¿sabes quién es, no? Esa de la escuela que se cree tan linda. ¡Fue la última gota!
Sandra: No sé que decirte, aunque también he pasado por situaciones como esa. ¿Estás segura de que no tiene arreglo?
Zulma: Segurísima.
» Veja a tradução desse diálogo na p. 234

8.5 **Vocabulário ativo: Namorando** – Vocabulario activo: Saliendo con alguien

» Veja Vocabulário ativo: Romance e sexo, p. 111

SALIR CON ALGUIÉN: **NAMORAR**

Diana parece mucho más feliz desde que comenzó a salir con Miguel.
Diana parece muito mais feliz desde que começou a **namorar** o Miguel.

TENER UNA CITA CON: **TER UM ENCONTRO COM**

Sofía siempre se maquilla y se viste bien cuando tiene una cita con su novio.
A Sofía sempre se maquia e veste as melhores roupas quando **tem um encontro com** o namorado.

ESTAR ENAMORADO(A) (DE): **ESTAR APAIXONADO(A) (POR)**

Las personas no siempre piensan lógicamente cuando están enamoradas.
As pessoas nem sempre pensam direito quando **estão apaixonadas.**

Las personas son más felices cuando están enamoradas.
Estar apaixonado deixa as pessoas mais felizes.

ENAMORARSE DE: **APAIXONAR-SE POR**

AMOR A PRIMERA VISTA: **AMOR À PRIMEIRA VISTA**

Ricardo se enamoró de Sandra en el instante en que la vio. ¡Fue amor a primera vista!
Ricardo **se apaixonou pela** Sandra assim que a viu. Para ele foi **amor à primeira vista**!

TENER UNA RELACIÓN ESTABLE: **NAMORAR FIRME COM**

Norberto nunca tuvo una relación estable con ninguna chica. Lo único que le importa es divertirse.
Norberto nunca **namorou firme com** nenhuma garota. Ele só gosta de curtir.

LLEVARSE BIEN CON: **TER UM BOM RELACIONAMENTO COM; ENTENDER-SE COM; DAR-SE BEM COM**

Henrique y Nora decidieron separarse cuando dejaron de llevarse bien.
Henrique e Nora decidiram se separar já que não conseguiam se **entender**.

EL AMOR ES CIEGO: **O AMOR É CEGO**

Cuando la gente se enamora solo ve las cosas buenas de su pareja. Es como dice el dicho: ¡El amor es ciego!
Quando as pessoas estão apaixonadas só conseguem enxergar o lado bom de seus amantes. Como diz o ditado: **O amor é cego**!

SEPARARSE DE/ROMPER CON/CORTAR CON: **ROMPER COM ALGUÉM; TERMINAR UM RELACIONAMENTO**

Todos nos sorprendimos cuando Catalina contó que había cortado/roto con David.
Ficamos todos surpresos quando Catalina anunciou que tinha **rompido com** o David.

OLVIDAR: **ESQUECER**

A Laura le llevó bastante tiempo olvidarse de su ex novio.
Levou bastante tempo para a Laura **esquecer** o ex-namorado.

HACER LAS PACES: **FAZER AS PAZES**

Qué bien que Bernardo y Martina hayan hecho las paces después de la discusión acalorada que tuvieron.
É bom saber que Bernardo e Martina já **fizeram as pazes** depois da discussão acalorada.

CASARSE: **CASAR-SE**

BODA: **CASAMENTO**

¿Sabías que Helena y Jorge se van a casar? Anoche anunciaron la boda.
Você sabia que a Helena e o Jorge vão se **casar**? Eles anunciaram o **casamento** deles ontem à noite.

COMPROMISO: **NOIVADO**

El día en que se comprometieron, Hernán le dio a su prometida un hermoso anillo de compromiso.
No dia em que ficaram noivos, Hernán deu à sua noiva um bonito anel de **noivado**.

ESTAR COMPROMETIDO: **ESTAR NOIVO(A)**

Hace más o menos un año que Mónica y Luis están comprometidos.
Mónica e Luis **estão noivos** há mais ou menos um ano.

PROMETIDO: **NOIVO (DURANTE O NOIVADO)**

PROMETIDA: **NOIVA (DURANTE O NOIVADO)**

NOVIA: **NOIVA (NO DIA DO CASAMENTO)**

NOVIO: **NOIVO (NO DIA DO CASAMENTO)**

LUNA DE MIEL: **LUA-DE-MEL**

Los recién casados van a pasar la luna de miel en Bahamas.
Os recém-casados vão passar a **lua-de-mel** nas Bahamas.

8.6 Convidando uma colega de trabalho para jantar (Diálogo) – Invitando a un compañero de trabajo a cenar (Diálogo)

ılı|lı **Pista 43**

Tomas: ¿Estás ocupada hoy a la noche?
Julia: No, en realidad, no. ¿Por qué?
Tomas: Es que pensé que podríamos salir a cenar juntos en algún lugar.
Julia: ¡¿Cenar!? ¿Cuál es el motivo?
Tomas: Nada en especial. Pero como hace mucho que nos conocemos... no sé... me gustaría conocerte mejor
Julia: Bueno, me encantaría. Lo único es que quiero pasar por casa después del trabajo para cambiarme de ropa.
Tomas: No hay ningún problema. Si quieres puedo pasar a buscarte.
Julia: ¡Perfecto!
» Veja a tradução desse diálogo na p. 234

8.7 Convidando alguém para fazer algo (Frases-chave) – Invitando a alguien a hacer algo. (Oraciones útiles)

¿Quieres cenar conmigo mañana? – Você gostaria de jantar comigo amanhã?
» Veja No restaurante – Frases-chave, p. 58
¿Qué te parece si almorzamos juntos mañana? – Que tal um almoço amanhã?
¿Tienes ganas de salir hoy a la noche? – Você está com vontade de sair hoje à noite?
» Veja Saindo para se divertir – Frases-chave, p. 51
¿Qué te parece ir al cine el sábado? – Que tal ir ao cinema no sábado?
¿Qué tal si salimos de copas después del trabajo? – Que tal ir tomar um drinque depois do trabalho hoje?
¿Qué te apetece hacer hoy por la noche? – O que você está a fim de fazer hoje à noite?
Hoy tengo ganas de bailar. ¿Por qué no vamos a una discoteca? – Estou com vontade de dançar. O que você acha de ir a uma discoteca hoje à noite?
El domingo voy a salir a pasear en bicicleta. ¿Quieres venir? – Eu vou fazer um passeio de bicicleta no domingo. Você quer vir junto?
» Veja Vocabulário 10: Esportes, p. 144

8.8 Fica para a próxima (Diálogo) – Quedamos para otro día (Diálogo)

ılı|lı **Pista 44**

Nicolás: Vamos a dejarlo ya por hoy.
Tito: Bueno. ¿Qué te parece si vamos al bar de la esquina a tomarnos una copa?
Nicolás: Yo prefiero dejarlo para otro día. Estoy verdaderamente cansado. Ahora lo que quiero es ir a casa y relajarme.
Tito: ¡Pero no, hombre! Si es solo una media hora. ¡Te hará bien!
Nicolás: Mira, para serte sincero, también me duele la cabeza. ¡Vamos mañana, te lo prometo!
Tito: Bueno, de acuerdo.
» Veja a tradução desse diálogo na p. 235

8.9 Recusando um convite educadamente (Frases-chave) – Para rechazar cordialmente una invitación (Oraciones útiles)

Te agradezco la invitación, pero hoy a la noche no puedo. ¿Por qué no lo dejamos para otro día? – Obrigado por me convidar, mas não posso hoje à noite. Uma outra hora, talvez?
Me encantaría, pero estoy ocupado. ¿Por qué no quedamos otro día? – Eu adoraria, mas já estou ocupado. Podemos fazer isto uma outra hora?
Lo siento, pero el sábado tengo un compromiso. – Desculpe, mas já tenho programa para o sábado.

Lo siento pero este viernes no puedo. ¿Podemos quedar otro día? – Desculpe, não posso na sexta. Talvez uma outra hora?

¿Podemos dejarlo para otro día? – Podemos deixar para a próxima?

Lo siento, pero verdaderamente hoy no tengo ganas de salir. – Desculpe, mas realmente não estou com vontade de sair hoje à noite.

Me parece que a esa hora tengo otro compromiso. ¿Puedo llamarte de vuelta para confirmar? – Não tenho certeza se já tenho um compromisso nesse horário. Posso te ligar depois para confirmar?

8.10 Você deveria sair com mais freqüência (Diálogo) – Deberías salir con más frecuencia (Diálogo)

ılı|lı Pista 45

Daniel: Miguel, ¿qué tal? No pareces muy feliz.

Miguel: Es que no lo estoy.

Daniel: ¿Qué te pasa?

Miguel: Hace tiempo que no salgo a divertirme un poco. Es solo trabajo, trabajo y trabajo...

Daniel: ¡No puede ser! Tienes que salir más a menudo y conocer otra gente.

Miguel: Sí, ya lo sé. Pero es que últimamente he trabajado tanto que no me queda tiempo para otra cosa.

Daniel: Oye, ¿qué te parece si vamos a una boite hoy a la noche?

Miguel: ¿Una boite? No sé, es que estoy verdaderamente cansado...

Daniel: No quiero explicaciones. Paso a buscarte a las nueve y estate listo. Primero podemos parar a comernos una pizza, ¿no te parece?

» Veja a tradução desse diálogo na p. 235

8.11 Você deveria sair com mais freqüência (Frases-chave) – Deberías salir más a menudo (Oraciones útiles)

ANIMANDO AS PESSOAS – LEVANTÁNDOLE EL ÁNIMO A LA GENTE

No te preocupes por eso. – Não se preocupe com isso.

¿Por qué no te desahogas? – Por que você não desabafa?

Todos se sienten así a veces. – Todos se sentem assim às vezes.

No hay motivo para que te sientas así. – Não há razão para sentir-se assim.

Trata de hacerlo y verás que lo consigues. – Você vai conseguir se tentar.

No tienes que desesperarte. Las cosas van a mejorar. – Agüenta firme aí! As coisas vão melhorar.

¡Arriba ese ánimo! No tienes porqué sentirte así. – Anime-se, não há razão para sentir-se assim.

FAZENDO UM ELOGIO – HACIENDO CUMPLIDOS

¡Muy bien! – Muito bem!

¡Buen trabajo! – Bom trabalho!

¡Sigue así! – Continue assim!

¡Te felicito! – Meus parabéns!

¡Es así que debe hacerse! – É assim que se faz!

¡Te has desempeñado muy bien esta mañana! – Você se saiu muito bem esta manhã!

¡Tu inglés/español es muy bueno! – Seu inglês/espanhol é muito bom!

¡Hablás inglés/español muy bien! – Você fala inglês/espanhol muito bem!

¡Qué bien se te ve! – Você está ótima(o)!

Ese vestido te sienta muy bien. – Você fica bonita com esse vestido.

Qué lindo tienes el cabello. ¿Qué te has hecho? – Seu cabelo está lindo, você mudou alguma coisa?

¡Qué bonita que estás! – Nossa! Você está linda!

¡Lo bonita que estás! – Você está linda!

» Veja "Guia de referência gramatical 3": O artigo neutro lo, p. 182

Tu departamento/casa es muy bonito(a). – Você tem um(a) apartamento/casa lindo(a).

¡Qúe linda casa! – Que casa bacana a sua!

8.12 Acho que lhe devo desculpas (Diálogo) – Creo que te debo una explicación (Diálogo)

꜔꜔꜔ **Pista 46**

Hugo: ¿Tienes un minuto?

Ester: Dime.

Hugo: Creo que te debo una explicación por lo de anoche.

Ester: Bueno, si quieres saber la verdad, lo que dijiste me molestó mucho.

Hugo: Lo sé, sé que estuve mal. De verdad lo siento. ¿Crees que puedes perdonarme?

Ester: No te preocupes, todos cometemos errores.

Hugo: ¿No estás enojada, entonces?

Ester: No, olvídalo.

» Veja a tradução desse diálogo na p. 235

8.13 Pedindo desculpas (Frases-chave) – Pidiendo disculpas (Oraciones úteis)

PEDINDO DESCULPAS (A) – PIDIENDO DISCULPAS (A)

Quiero disculparme por lo de ayer. – Queria pedir desculpas pelo que aconteceu ontem.

Siento haber dicho lo que te dije ayer. – Sinto muito pelo que eu disse ontem.

Te pido disculpas por haber sido tan grosero/descortés. – Peço desculpas por ter sido tão rude.

Te debo una explicación. – Eu lhe devo desculpas.

Creo que mi reacción fue exagerada. – Acho que tive uma reação exagerada.

Quisiera retirar lo que dije sobre... – Eu queria retirar o que disse sobre...

No tuve la intención de... – Não tive a intenção de...

Sé que lo debería haber hecho antes, pero no tuve tiempo. – Eu sei que devia ter feito isso antes, mas não tive tempo.

Lo siento pero necesito cancelar nuestra cita. ¿Podemos quedar otro día? – Sinto mesmo por ter que cancelar nosso encontro. Você acha que podemos remarcar?

PEDINDO DESCULPAS (B) – PIDIENDO DISCULPAS (B)

No tuve la intención de interrumpirte/molestarte. – Não tive intenção de te interromper/perturbar.

No tuve la intención de... – Não tive intenção de...

No pude evitarlo. – Não pude evitar.

Siento incomodarte. – Sinto pela inconveniência.

Perdón por el atraso. – Desculpe o meu atraso.

Perdón por el atraso. No volverá a suceder. – Desculpe o atraso. Não vai acontecer de novo.

La fiesta está bárbara, pero tengo que irme. – A festa está ótima, mas eu preciso mesmo ir embora.

Lo siento, pero tengo que marcharme. Mañana me levanto muy temprano. – Desculpe, mas eu preciso mesmo ir embora, tenho que levantar muito cedo amanhã.

¿Puedes perdonar mi comportamiento? – Você poderia perdoar o meu comportamento?

No quise lastimarte/ofenderte. – Não tive a intenção de te magoar/ofender.

ACEITANDO UM PEDIDO DE DESCULPAS – ACEPTANDO UN PEDIDO DE DISCULPAS

Está bien. – Tudo bem

Acepto las disculpas. – Desculpas aceitas.

Sé que no fue esa tu intención. – Sei que você não teve a intenção de fazer aquilo.

¡No hay problema! – Sem problemas!

¡Olvídalo! – Deixa pra lá!

Todos podemos equivocarnos. – Todo mundo comete erros.

¡No te guardo rencor! – Sem ressentimentos!

8.14 É por isso que eu adoro este lugar! (Diálogo) – ¡Es por eso que me encanta este lugar! (Diálogo)

ııı|ıı **Pista 47**

Gustavo: ¡Mirá qué mina viene ahí!

José: Realmente, está buenísima, ¿no?

Gustavo: En esta discoteca está siempre lleno de chicas lindas.

José: Sí, ya lo sé. Es por eso que me encanta este lugar.

Gustavo: Bueno, solo espero que esta sea nuestra noche de suerte y a ver si ligo algo.

José: Y yo también.

» Veja a tradução desse diálogo na p. 236

8.15 Cantadas - Piropos/Tirarse un lance

¿Vienes seguido acá? – Você vem muito aqui?
Te pareces mucho a alguien que conozco. – Você parece com alguém que eu conheço.
¿No nos conocemos ya? – Nós já não nos conhecemos?
¡Qué bien bailas! – Você dança muito bem!
¡Qué linda sonrisa tienes! – Você tem um sorriso lindo!
¡Eres muy linda/bonita! – Você é linda!
¿Puedo sentarme aquí? – Posso sentar aqui?
¿Puedo invitarte a una copa? – Posso te pagar um drinque?
¿Quieres tomar/beber algo? – Você quer beber alguma coisa?

8.16 Vocabulário ativo: Romance e sexo – Vocabulario activo: Romance y sexo

» Veja Vocabulário ativo: Namorando, p. 104

CHICA/TÍA/CHAVALA: GAROTA, "MINA", "GATA"

¡Este lugar está repleto de chicas guapas!
Este lugar está cheio de **minas** boas!

LIGAR/FLIRTEAR: PAQUERAR, FLERTAR

Ya sabes cómo es Federico. Está siempre flirteando con cualquier chica que ve por ahí.
Você conhece o Federico. Está sempre **paquerando** qualquer garota que ele vê.

LIGÓN (ESPAÑA)/CAMELADOR: NAMORADOR, NAMORADEIRA, PAQUERADOR(A)

Ten cuidado con Gabriel! Ya sabes, es un ligón.
Cuidado com o Gabriel! Você sabe, ele é um **paquerador**.

DEJAR A ALGUIEN: "DAR O FORA EM ALGUÉM"; LARGAR

Norberto no lo pudo creer cuando su novia lo dejó por otro tipo.
Norberto quase não acreditou quando sua namorada o **largou** por um outro cara.

ENGAÑAR: "PULAR A CERCA"

Julia rompió con su novio cuando se enteró de que la estaba engañando con otra.
Julia **rompeu com** o namorado quando descobriu que ele estava **pulando a cerca** com outra garota.

ACOSTARSE CON: TRANSAR

¿Crees que Mario ya se acostó con Clara?
Você acha que o Mario já **transou** com a Clara?

MAMADA, CHUPADA: **CHUPETA, BOQUETE**

Perla le hizo una chupada estupenda a su novio.
Perla fez um belo **boquete** no namorado.

GOZAR/CORRERSE (ESPAÑA): **EJACULAR, GOZAR**

Ricardo no tardó mucho en correrse.
Ricardo não demorou muito para **gozar**.

SEMEN: **ESPERMA**

Había algunas manchas de semen en las sábanas.
Havia algumas manchas de **esperma** nos lençóis.

LIGUE/ROLLO PASAJERO: **RELACIONAMENTO SEXUAL PASSAGEIRO, QUE NORMALMENTE DURA SÓ UMA NOITE, TRANSA SEM COMPROMISSO**

Felipe está harto de ligues pasajeros.
O Felipe já está cansado de **transas sem compromisso**.

TRACIONAR/SERLE INFIEL A ALGUIEN: **TRAIR, SER INFIEL**

Angela sospecha que su esposo le está siendo infiel.
Angela suspeita que o marido a tem **traído**.

CONDÓN/PRESERVATIVO/FORRO (COLOQUIAL ARGENTINA): **CAMISINHA**

No corras riesgos. ¡Usa siempre condón!
Não corra riscos. Use sempre a **camisinha**!

9. VIVENDO, APENAS! (PARTE 1) - TAN SOLO VIVIENDO (PARTE 1)

9.1 Uma rotina diária (Diálogo) - La rutina diaria (Diálogo)

🔊 **Pista 48**

Juana: ¿Cómo es tu rutina diaria, Miguel?
Miguel: Bueno... siempre me levanto a las siete, me ducho, tomo el desayuno y salgo a las ocho para trabajar.
Juana: ¿Y a qué hora llegas a la oficina?
Miguel: A eso de las 8:30 si el tránsito lo permite.
Juana: ¿Lees el periódico todos los días?
Miguel: No. Solo lo hago los fines de semana para mantenerme al tanto de las noticias, pero suelo ver el noticiero de la noche.
Juana: O sea que no te acuestas demasiado temprano, ¿no?
Miguel: Alrededor de las 12.
Juana: ¿Y no te sientes cansado por la mañana?
Miguel: De verdad que no. Siete horas de sueño para mí son suficientes.
» Veja a tradução desse diálogo na p. 236

9.2 Falando sobre hábitos e rotinas (Frases-chave) - Hablando de hábitos y rutinas (Oraciones útiles)

Siempre corro cinco kilómetros por día. – Sempre corro cinco quilômetros todos os dias.
María suele hacer los deberes de la escuela a/por la tarde. – María geralmente faz a lição de casa à tarde.
Mi despertador suena siempre a las siete de la mañana. – Meu despertador sempre toca às sete da manhã.
Nunca me acuesto antes de las diez de la noche. – Eu nunca vou dormir antes das dez horas da noite.
» Veja "Guia de referência gramatical 8": Verbos pronominais que descrevem rotinas, p. 193
A veces salgo con mis amigos los viernes a/por la noche. – Eu às vezes saio com amigos nas noites de sexta.
Raramente vamos en coche a la oficina. – Raramente vamos de carro para o escritório.
No suelen llegar atrasados al trabajo. – Eles raramente chegam atrasados para o trabalho.

9.3 A vida no Brasil e na Espanha (Diálogo) – La vida en Brasil y en España (Diálogo)

◀┃║┃▶ **Pista 49**

Jaume: Sabes, hoy hace seis meses que llegué a Brasil.
Marco: ¿Y cómo te sientes?
Jaume: Estupendo. Quiero quedarme mucho tiempo más.
Marco: ¿Y no extrañas, por ejemplo, la comida de tu tierra?
Jaume: Sí, a veces. Aquí las comidas en sí y los horarios son muuuyy diferentes.
Marco: ¿En qué sentido?
Jaume: Fíjate, aquí se come mucho más frijoles y arroz que en España. Además en mi país no se almuerza ni se cena tan temprano como aquí.
Marco: ¿Y te gusta la comida brasileña?
Jaume: Me encanta. Es muy diferente a la española... y a mí me resulta mucho más exótica...
» Veja a tradução desse diálogo na p. 236

9.4 Fazendo comparações (Frases-chave) – Haciendo comparaciones (Oraciones útiles)

COMPARAÇÕES DE IGUALDADE – COMPARACIONES DE IGUALDAD

Pablo es tan alto como Pedro. – Pablo é tão alto quanto Pedro.
Un BMW es tan caro como un Mercedes. – Um BMW é tão caro quanto um Mercedes.
Viajar por Brasil es tan interesante como viajar por Europa. – Viajar pelo Brasil é tão interessante quanto viajar pela Europa.
El clima aquí es tan caluroso como en Manaus. – O tempo aqui é tão quente quanto em Manaus

COMPARAÇÕES DE SUPERIORIDADE – COMPARACIONES DE SUPERIORIDAD

Un departamento pequeño es más barato que una casa grande. – Um apartamento pequeno é mais barato do que uma casa grande.
El clima en Río de Janeiro es más caluroso que en Buenos Aires. – O tempo no Rio de Janeiro é mais quente do que em Buenos Aires.
Una casa grande es más cara que un departamento pequeño. – Uma casa grande é mais cara do que um apartamento pequeno.
Ese dormitorio es más amplio que este. – Aquele quarto é mais espaçoso do que este.

SUPERLATIVO – SUPERLATIVO

Brasil es el país más grande de América del Sur. – O Brasil é o maior país da América do Sul.
La silla marrón es la más pesada de todas. – Aquela cadeira marrom é a mais pesada de todas.

San Pablo es el centro financiero más importante de Brasil. – São Paulo é o centro financeiro mais importante no Brasil.

Esa película de ciencia ficción es la más interesante. – Aquele filme de ficção científica é o mais interessante.

9.5 Está quente aqui dentro! (Diálogo) – ¡Qué calor hace aquí dentro! (Diálogo)

ı|ı|ı| Pista 50

Alejandro: ¡Qué calor hace aquí dentro! ¿Puedo prender el aire acondicionado?
Marcelo: Si pudiéramos, sería fantástico, pero está roto.
Alejandro: Ah no, ¡no te puedo creer!
Marcelo: Dijeron que lo iban a arreglar rápido.
Alejandro: Ojalá pueda ir a nadar.
Marcelo: Sí, yo también. Talvez vaya más tarde.
» Veja a tradução desse diálogo na p. 236

9.6 Falando sobre como você se sente (Frases-chave) – Hablando de cómo te sientes (Oraciones útiles)

Tengo calor/frío. – Estou com calor/frio.
Siento calor/frío. – Estou sentindo calor/frio.
Estoy feliz/contento(a). – Estou feliz.
Estoy triste. – Estou triste.
Estoy entusiasmado(a). – Estou entusiasmado(a).
Estoy sorprendido(a). – Estou surpreso(a).
Tengo miedo. – Estou com medo.
Estoy aterrorizado(a). – Estou aterrorizado(a).
Tengo esperanzas. – Estou esperançoso.
Estoy enojado(a). – Estou bravo(a).
Tengo vergüenza. – Estou com vergonha.
Tengo hambre. – Estou com fome.
Estoy hambriento(a). – Estou faminto(a).
Tengo sed. – Estou com sede.
Estoy de buen/mal humor. – Estou de bom/mau humor.
No estoy con ánimo de bailar/salir. – Não estou com humor para dançar/sair.
Tengo ganas de nadar. – Estou com vontade de nadar.
Tengo ganas de tomar un helado. – Estou com vontade de tomar um sorvete.
Tengo ganas de bailar. – Estou a fim de dançar.

9.7 **Sentindo-se cansado (Diálogo)** – Sintiéndose cansado (Diálogo)

🔊 **Pista 51**

Juan Carlos: Estoy exhausto. ¿Por qué no vamos ya a casa?
Ruth: Todavía preciso comprar una cosita más.
Juan Carlos: ¿Qué es?
Ruth: Los zapatos, ¿te has olvidado? Quiero echarle un vistazo a la nueva zapatería.
Juan Carlos: Yo prefiero esperarte en el café mientras* haces eso.
Ruth: Dale, querido. Sabes que necesito tu opinión. Me siento tan bien cuando me dices que algo me queda bien.
Juan Carlos: Está bien. Tú ganas. Pero hagámoslo rápido
Ruth: No te preocupes.
» *Veja "Guia de referência gramatical 19": Mientras x en cuanto x apenas x no bien, p. 211
» Veja a tradução desse diálogo na p. 237

9.8 **Sentindo-se cansado** – Sintiéndose cansado (Oraciones útiles)

Estoy cansado(a). – Estou cansado(a).
Me siento cansado(a). – Eu me sinto cansado(a).
Estoy supercansado(a). – Estou supercansado(a).
Estoy exhausto(a). – Estou exausto(a).
Estoy muerto(a). – Estou morto(a).
No me siento muy bien. – Não estou me sentindo muito bem.
» Veja Sentindo-se doente – Frases-chave, p. 67
Estoy indispuesto(a). – Estou me sentindo um pouco indisposto(a).

9.9 Um dia duro (Diálogo) – Un día difícil (Diálogo)

🎵 **Pista 52**
Matías: Pareces enojado.
Javi: Es que tuve un día difícil.
Matías: ¿Qué te ha pasado?
Javi: Bueno, para empezar, se me pinchó una goma cuando venía para acá. Pero eso no fue todo.
Matías: ¿Ah no?
Javi: No. Cuando finalmente conseguí llegar a la oficina, me di cuenta de que me había dejado el portafolio con unos informes importantes en casa.
Matías: ¿O sea que tuviste que volverte a tu casa?
Javi: Exacto. Y adivina qué pasó cuando estaba volviendo a la oficina.
Matías: No tengo la más mínima idea.
Javi: A causa de un choque sin consecuencias se armó un congestionamiento padre y me llevó más de una hora volver aquí. Así que perdí la reunión con los vendedores.
Matías: ¡Por favor! ¡Qué día más difícil!
» Veja a tradução desse diálogo na p. 237

9.10 Sentindo-se mal (Frases-chave) – Sintiéndose mal (Oraciones útiles)

» Veja Sentindo-se doente – Frases-chave, p. 67
Estoy deprimido. – Estou deprimido.
Estoy de mal humor. – Estou de mau humor.
Estoy nervioso(a). – Estou nervoso(a).
Estoy tenso(a). – Estou tenso(a).
Estoy hecho(a) una pila de nervios. – Estou uma pilha de nervos.
Estoy desanimado/bajoneado (Argentina). – Estou desanimado.
Me siento solo(a). – Eu me sinto solitário(a).

117

Me siento fuera de lugar/desubicado. – Sinto-me deslocado.
Extraño mi casa/familia (Argentina/Uruguay). – Eu sinto saudade da minha casa/família.
Estoy con nostalgia de mi casa/familia. – Eu sinto saudade da minha casa/família.
Echo de menos mi casa/familia. – Eu sinto saudade da minha casa/família.
Estoy irritado(a). – Estou irritado(a).
Estoy aburrido(a). – Estou entediado(a).
Estoy muy enojado(a) con él/ella. – Estou furioso com ele/ela.
Estoy harto(a) de... – Estou farto(a) de...
Estoy preocupado(a) con... – Estou preocupado(a) com...
Me preocupa... – Estou preocupado(a) com...
Estoy ansioso(a). – Estou ansioso(a).
Estoy decepcionado. – Estou decepcionado.

9.11 Você pode me dar uma mão? (Diálogo) – ¿Me puedes dar una mano? (Diálogo)

ılıllı Pista 53

Fabián: Eh!, Marco, ¿Puedes darme una mano?
Marco: Por supuesto. ¿Qué necesitas?
Fabián: ¿Puedes ayudarme a mover esas cajas?
Marco: OK. ¿Dónde quieres ponerlas?
Fabián: Justo ahí, bajo la ventana
Marco: Bueno, podemos empezar. ¡Uau! ¡Qué pesadas!¿Qué tienen dentro?
Fabián: Papeles.
» Veja a tradução desse diálogo na p. 237

9.12 Pedindo ajuda e favores (Frases-chave) – Pidiendo ayuda y favores (Oraciones útiles)

¿Puedes darme una mano con...? – Você pode me dar uma mão com...?
¿Puedes ayudarme a...? – Você pode me ajudar com...
¿Puedes/Podrías hacerme un favor? – Você pode/poderia me fazer um favor?
Me pregunto si podrías... – Eu estava pensando se você poderia...

9.13 Obrigado pela carona! (Diálogo) – Gracias por traerme (Diálogo)

ılıllı Pista 54

Rodolfo: Hola, Esteban, ¿hacia dónde vas?
Esteban: ¡Rodolfo! ¡Qué pequeño es el mundo! Voy al centro.

Rodolfo: ¡Es tu día de suerte! Justamente estoy yendo para allá. ¡Súbete!

Esteban: ¡Buenísimo! Te lo agradezco mucho.

Rodolfo: ¡Es un gusto, Esteban!

» Veja a tradução desse diálogo na p. 238

9.14 Agradecendo às pessoas (Frases-chave) – Agradeciendo (Oraciones útiles)

Muchas gracias por... – Muito obrigado pelo/a...

Es muy amable de su parte, gracias. – É muito gentil de sua parte, obrigado.

¡Te agradezco la ayuda! – Eu agradeço a sua ajuda!

¡Muchísimas gracias! – Muito obrigado mesmo!

No sé cómo agradecerte. – Não sei como posso te agradecer.

Gracias. ¡Esta te la debo! – Obrigado! Fico te devendo uma.

Gracias por traerme. – Obrigado pela carona/dica/etc.

10. VIVENDO, APENAS! (PARTE 2) - TAN SOLO VIVIENDO (PARTE 2)

10.1 Como era a vida antes dos computadores (Diálogo) - ¿Cómo era la vida antes de las computadoras? (Diálogo)

⑪⑪ Pista 55

Facundo: ¿Consigues imaginarte cómo era la vida antes de las computadoras?

Gregorio: No mucho. Mi abuelo tenía una máquina de escribir vieja. Cuesta creer que la gente usaba cosas así. No se comparan con un procesador de texto. Las computadoras nos han facilitado mucho la vida.

Facundo: Sí. ¿Te imaginas si no hubiera e-mail?

Gregorio: Yo envío y recibo mail todos los días. No consigo imaginarme la vida sin eso. Me parece que somos una generación afortunada. La vida ahora es mucho más fácil.

Facundo: Mira, no estoy tan seguro. Como todo, la tecnología también tiene sus desventajas. A causa de todos esos dispositivos, hoy la gente trabaja mucho más que antes.

Gregorio: Es cierto. Si tienes un notebook los mails te persiguen a todas partes... y si tienes móvil, las llamadas telefónicas también.

» Veja a tradução desse diálogo na p. 238

10.2 Vocabulário ativo: Usando computadores - Vocabulario activo: Usando computadoras

RED MUNDIAL DE COMPUTADORAS (WWW): **REDE MUNDIAL DE COMPUTADORES**

SITIO DE INTERNET: **SITE NA INTERNET**

¿Por qué no te haces un sitio? Es excelente para divulgar tus productos.

Por que vocês não criam um **site**? Seria uma ótima maneira de divulgar os seus produtos.

ARROBA(@): **ARROBA, USADO EM ENDEREÇOS DE E-MAIL**

PUNTO: **PONTO, USADO EM ENDEREÇOS DE E-MAIL**

¿Cuál es tu dirección de e-mail?

Es mi nombre arroba el nombre de mi compañía punto com punto br (minombre@micompañía.com.br).

Qual é o seu endereço de e-mail?

É meu nome **arroba** minha empresa **ponto** com **ponto** br.

DIGITAR: **DIGITAR**

DESTINATARIO: DESTINATÁRIO

¡No te olvides de digitar el nombre del destinatario del mensaje!
Não se esqueça de **digitar** o nome do destinatário da mensagem!

ENVIAR/MANDAR UN E-MAIL: ENVIAR POR E-MAIL, MANDAR UM E-MAIL

¿Puedes mandarme, por favor, el documento por e-mail lo antes posible?
Você pode por favor me **enviar** aquele documento **por e-mail** assim que possivel?
Te envío el contrato por e-mail más tarde.
Vou lhe **enviar** o contrato **por e-mail** mais tarde.

CONECTARSE CON/ENTRAR EN INTERNET: ACESSAR A INTERNET; ENTRAR NA INTERNET

Hoy en día la mayoría de los niños de cinco años entran a la Interntet solos.
A maioria das crianças de cinco anos de idade sabe **acessar** sozinha **a internet** hoje em dia.

CONTRASEÑA: SENHA

No podrás conectarte si no digitas tu contraseña.
Você não vai conseguir acessar o sistema se não digitar a **senha**.

PÁGINA WEB: PRIMEIRA PÁGINA DE UM SITE, PÁGINA PRINCIPAL, HOME PAGE

Por favor, ¿puedes verificar el nombre completo de esa compañía en su página web?
Você pode checar o nome completo daquela empresa na **home page** deles, por favor?

CIBER CAFÉ: CYBER CAFÉ

Vayamos a un ciber café. Necesito ver mis e-mails.
Vamos a um **cyber café**. Preciso checar meus e-mails.

NAVEGAR POR/VISITAR PÁGINAS DE INTERNET: SURFAR/NAVEGAR NA INTERNET, VISITAR PÁGINAS DA INTERNET

Todos los días Bubi se pasa horas navegando por internet.
Bubi passa horas **navegando na internet** todos os dias.

MOTOR DE BÚSQUEDA/BUSCADOR: SITE DE BUSCA

¿Cuás es tu buscador preferido?
Qual é o seu **site de busca** favorito?

DESCARGAR/HACER DOWNLOAD: BAIXAR DA INTERNET, FAZER DOWNLOAD

Rubén tiene una computadora muy potente. Puede descargar archivos grandes en poco tiempo.
Rubén tem um computador muito potente. Ele consegue **baixar** arquivos grandes **da internet** em pouco tempo.
Lleva más tiempo descargar imágenes que descargar textos.
Leva mais tempo para **fazer download** de imagens do que para **fazer download** de texto.

GRABAR: **SALVAR**

COPIA DE SEGURIDAD: **UMA CÓPIA DE BACKUP**

No te olvides de grabar todos los archivos en disco. Ya sabes lo importante que es tener copias de seguridad.

Não deixe de **salvar** todos arquivos em disquete. Você sabe como é importante ter **cópias de backup**.

HACER UNA COPIA DE SEGURIDAD: **FAZER BACKUP**

No te olvides de hacer una copia de seguridad de los datos antes de apagar la computadora.

Não se esqueça de **fazer um backup** dos dados antes de desligar o computador.

INTRANET: **INTRANET, REDE PRIVADA QUE INTERLIGA OS DEPARTAMENTOS DE UMA EMPRESA E QUE SE RESTRINGE À MESMA**

Casi todas las grandes compañías tienen intranet para conectar todos sus departamentos.

A maioria das grandes empresas tem **intranet** interligando seus departamentos.

Todos los mensajes importantes se colocan en la intranet de la compañía,

Todas as mensagens importantes são colocadas na **intranet** da empresa.

BORRAR/SUPRIMIR: **DELETAR**

Borra siempre todos los mensajes sospechosos. Pueden contener virus.

Não deixe de **deletar** quaisquer mensagens suspeitas. Elas podem conter vírus.

ANTIVIRUS: **ANTIVÍRUS**

Deberías tener un antivirus actualizado en tu computadora. Seguramente no querrás que un virus te destruya el disco duro.

Você deveria ter um **antivírus** atualizado instalado em seu computador. Certamente você não quer que nenhum vírus destrua o seu disco rígido.

ACTUALIZAR: **FAZER UM UPGRADE, ATUALIZAR, MODERNIZAR**

ACTUALIZACIÓN: **ATUALIZAÇÃO, UPGRADE**

No podrás ejecutar ese programa si no actualizas el disco duro.

Você não vai conseguir rodar esse software a menos que **faça um upgrade** do seu disco rígido.

Hay una nueva versión del programa que estás usando. Puedes descargar una actualización gratis.

Há uma nova versão do programa que você está usando. Você pode baixar uma **atualização** gratuita da internet.

HOJA DE CÁLCULO: **PLANILHA ELETRÔNICA**

Hagamos una hoja de cálculo para controlar nuestros gastos mensuales de combustible.

Vamos fazer uma **planilha** para controlar nossas despesas mensais de combustível.

IMPRIMIR: **IMPRIMIR UMA CÓPIA**

COPIA IMPRESA: **CÓPIA IMPRESSA**

Necesito una copia impresa del documento. ¿Puedes imprimírmela?
Preciso de uma **cópia impressa** do documento. Você pode **imprimi-la** para mim?

CORREO NO DESEADO: **MENSAGEM NÃO SOLICITADA, RECEBIDA POR E-MAIL, ENVIADA A MUITOS DESTINATÁRIOS AO MESMO TEMPO, NORMALMENTE DIVULGANDO ALGUM PRODUTO OU SERVIÇO, SPAM**

Estoy recibiendo mucho correo no deseado últimamente. ¿Conoces algún programa para filtrarlo?
Tenho recebido **spam** demais ultimamente. Você conhece algum software para filtrá-los?

PIRATA INFORMÁTICO: **AFICIONADO POR COMPUTADORES QUE UTILIZA SEU CONHECIMENTO DE INFORMÁTICA PARA DESCOBRIR SENHAS E INVADIR SISTEMAS, HACKER**

Detuvieron al pirata informático que invadió varias redes de computadoras.
O **hacker** que invadiu várias redes de computadores foi preso.

DISEÑADOR DE SITIOS/WEBDESIGNER: **PROFISSIONAL QUE PROJETA E DESENVOLVE SITES, WEBDESIGNER**

Nicolás es diseñador de sitios en una empresa punto com.
Nicolás trabalha como **webdesigner** em uma empresa pontocom.

ADMINSITRADOR DE SITIOS/WEBMASTER: **RESPONSÁVEL POR UM SITE NA INTERNET, WEBMASTER**

El administrador del sitio mandó un mensaje en que decía que las reclamaciones debían ser encaminadas a él por correo electrónico.
O **webmaster** colocou uma mensagem no site dizendo que quaisquer reclamações deveriam ser enviadas para ele por e-mail.

10.3 E se você não fosse um webdesigner? (Diálogo) – ¿Y si no fueras webdesigner? (Diálogo)

ılı|lı **Pista 56**

Betina: ¿Qué te gustaría ser si no fueras webdesigner?
León: No lo sé. No me veo haciendo otra cosa. Aunque tal vez hubiera sido veterinario, me gustan los animales.
Betina: ¿En serio? ¿Tienes alguno?
León: Sí, tengo dos perros y un gato.
Betina: ¿Y eres tú el que los cuida?
León: Sí. A mi esposa no le gustan demasiado, así que yo los alimento y los cuido.

» Veja Vocabulário 23: Animais e bichos de estimação, p. 162
» Veja a tradução desse diálogo na p. 238

10.4 Expressando preferências (Frases-chave) – Expresando gustos (Oraciones útiles)

» Veja Saindo para se divertir - Frases-chave: Coisas que as pessoas fazem para se divertir (A), p. 51

Me encanta viajar/ver documentales/leer/escuchar música/etc. – Eu adoro viajar/assistir documentários/ler/escutar música/etc.

Me gusta cuidar animales de estimación. – Eu gosto de cuidar de animais de estimação.

Me gusta viajar al interior para respirar aire puro. – Gosto de viajar para o interior para respirar ar puro.

Me gusta la comida vegetariana. – Eu gosto de comida vegetariana.

Siempre me divierto viendo comedias. – Eu sempre me divirto muito assistindo comédias.

Las películas de ciencia ficcón me parecen emocionantes/interesantes. – Acho os filmes de ficção científica emocionantes/interessantes.

Me aburre hacer cola. – Acho um tédio ter que esperar na fila.

No me gusta levantarme temprano por/a la mañana. – Não gosto de levantar cedo de manhã.

No me gusta lidear con personas mandonas. – Não gosto de lidar com pessoas mandonas.

Odio/Me revienta (Argentina) esperar a personas que llegan tarde. – Odeio esperar por pessoas que estão atrasadas.

No soy un fanático de los deportes. – Não sou chegado em esportes.

10.5 Ele me parece um cara profissional (Diálogo) – Me parece un tipo profesional (Diálogo)

◁||▷ Pista 57

Gabriel: ¿Qué opinas del nuevo empleado de la oficina?
Andrés: Me parece que le está yendo bien. Se me hace que es un tipo profesional.
Gabriel: ¿Cuánto tiempo lleva en la compañía?
Andrés: Unas cinco semanas, creo.
Gabriel: ¿En serio? ¡Qué rápido que pasa el tiempo!
» Veja a tradução desse diálogo na p. 238

10.6 Expressando opinião (Frases-chave) – Expresando opiniones (Oraciones útiles)

» Veja Por mim tudo bem! - Frases-chave: Concordando e Discordando, p. 129

Me parece que está perfecto. – Acho que está perfeito.
No estoy muy seguro, quisiera pensarlo mejor. – Não tenho tanta certeza, gostaria de pensar melhor.
En mi opinión .../Opino que ... – Na minha opinião ...
Desde mi punto de vista ... – No meu ponto de vista ...
Creo que ... – Acredito que ...
Se me hace que ... – Me parece que ...
Para mí ... – Da forma que eu vejo ...
Se me hace un tipo serio. – Ele me parece um cara sério.
¿Puedo pensarlo un poco más antes de responder? – Posso pensar mais um pouco antes de lhe dar minha decisão?

10.7 Preciso do seu conselho sobre algo (Diálogo) – Necesito tu consejo sobre un asunto (Diálogo)

ᵈᶦᵈᶦ Pista 58

Ángel: ¿Tienes un minuto?
Juanjo: Claro. ¿Qué pasa?
Ángel: Nada serio. Quiero charlar contigo.En realidad, quiero tu consejo sobre un tema.
Juanjo: Te escucho. ¡Habla!
Ángel: Como ya sabes, este año termino el secundario y pensaba estudiar derecho, como mi padre.
Juanjo: Sí, siempre has dicho que querías ser abogado.
Ángel: Bueno, pero es que ahora ya no estoy tan seguro.
» Veja a tradução desse diálogo na p. 239

10.8 Preciso do seu consejo sobre algo (Frases-chave) – Necesito tu consejo sobre un asunto (Oraciones útiles)

PEDINDO CONSELHO – PIDIENDO CONSEJOS

¿Puedes darme un consejo sobre ...? – Você pode me dar conselho sobre ...

¿Qué opinas de ...? – Qual a sua opinião sobre ...?
¿Qué crees que debo hacer? – O que você acha que eu deveria fazer?
¿Qué me aconsejas hacer? – O que você me aconselharia a fazer?
¿Qué harías tú si estuvieras en mi lugar? – O que você faria se estivesse em meu lugar?

DANDO CONSELHOS – DANDO CONSEJOS

Yo, en tu lugar ... – Se eu fosse você eu ...
Yo, si fuera tú, no lo haría. – Se eu fosse você eu não faria isto.
¿Por qué no ...? – Por que você não ...?
Me parece que deberías ... – Eu acho que você deveria ...
¿Y si ...? – E se você ...

10.9 Posso falar com o gerente, por favor? (Diálogo) – ¿Puedo hablar con el gerente, por favor? (Diálogo)

🔊 Pista 59

Dependiente: ¡Buenos días! ¿Puedo ayudarla?
Helena: Quisiera hablar con el gerente, por favor.
Dependiente: Si me dice de qué se trata, tal vez yo pueda ayudar.
Helena: Mire, ayer compré aquí esta licuadora y hoy a la mañana descubrí que no funciona bien.
Dependiente: ¿Tiene la factura?
Helena: Sí, aquí la tiene.
Dependiente: No hay ningún inconveniente. ¿Prefiere cambiarla o que le devolvamos el dinero?
Helena: Obviamente, quiero cambiarla por otra. Si no la necesitara, no hubiera comprado una ayer, ¿no?
Dependiente: Tiene usted razón. Si me espera un minuto, ya le traigo una nueva.
Helena: Gracias. Muy amable.
» Veja a tradução desse diálogo na p. 239

10.10 Posso falar com o gerente, por favor? (Frases-chave) – ¿Puedo hablar con el gerente, por favor? (Oraciones útiles)

RECLAMANDO – PRESENTANDO QUEJAS

Quería hacer una reclamación sobre ... – Queria fazer uma reclamação sobre ...
Quiero presentar una queja por/sobre ... – Queria reclamar a respeito de ...
El televisor/aparato de CD que compré aquí ayer no funciona. – A televisão/aparelho de CD que comprei aqui ontem não está funcionando.
Quiero devolver este aparato de DVD que compré aquí hace algunos días. – Queria devolver este DVD que comprei aqui há alguns dias.
El vendedor que nos atendió fue muy descortés. – O vendedor que nos atendeu foi muito grosseiro.
Fue muy maleducado(a). – Ele/Ela foi muito mal-educado(a).
Es increíble que traten a las personas así. – Não acredito que vocês tratam as pessoas assim.
Ha sido muy grosero de su parte. – Foi muito grosseiro da sua parte.

RESPONDENDO A RECLAMAÇÕES – RESPONDIENDO A UN RECLAMO

No se preocupe. Nuestra política es devolverle el dinero al cliente que no está satisfecho. – Sem problemas! Nossa política é "Satisfação garantida ou seu dinheiro de volta".
Sentimos mucho lo ocurrido. – Sentimos muito pelo ocorrido.
Disculpe, pero ese no es nuestro procedimiento habitual. – Desculpe, este não é o nosso procedimento padrão.
Debe haber habido un malentendido. – Deve ter havido algum mal-entendido.
Sentimos haberle causado un trastorno y nos gustaría compensar las molestias ocasionadas. – Sentimos muito pelo incômodo, como podemos compensá-lo pelo o que aconteceu?

10.11 Por mim tudo bem! (Diálogo) – ¡No tengo inconveniente! (Diálogo)

🎙️ Pista 60

Pepe: ¿Por qué no pasamos hoy por lo de Sergio? Hace mucho que no lo vemos.
Guille: Buena idea. Me pregunto en qué andará.
Pepe: ¿A las 7 te viene bien?
Guille: ¿No puede ser un poco más tarde, digamos a las 8?
Pepe: Perfectamente. ¿Quieres que pase a buscarte?
Guille: Fantástico. Y podríamos cenar todos juntos en Pipo. ¿Qué opinas?
Pepe: No tengo ningún inconveniente y seguro que a Sergio también le va a parecer bien. Es un fanático de la pizza. Nos vemos a las 8.
» Veja a tradução desse diálogo na p. 239

10.12 **Por mim tudo bem! (Frases-chave)** – No tengo ningún inconveniente! (Oraciones útiles)

CONCORDANDO – MANIFESTANDO ACUERDO

Estoy totalmente de acuerdo. – Concordo plenamente.
Opino lo mismo que tú sobre ese asunto. – Concordo plenamente com você neste assunto.
Me parece que tienes razón/estás en lo cierto. – Acho que você está certo.
Es cierto. – É mesmo.
No tengo inconveniente! – Por mim tudo bem!

DISCORDANDO – MANIFESTANDO DESACUERDO

No estoy de acuerdo contigo. – Não concordo com você.
No concuerdo contigo. – Eu discordo de você.
No sé si estoy de acuerdo contigo sobre eso. – Não tenho certeza se concordo com você sobre aquilo.
Talvez, pero necesito pensarlo mejor. – Talvez. Gostaria de pensar um pouco mais.

10.13 **Novos tempos, novos trabalhos (Diálogo)** – Nuevos tiempos, nuevos empleos (Diálogo)

ılıllı **Pista 61**

Fede: ¿Cómo será el mundo en veinte años?
Norbi: Uy, muy difícil de imaginar. ¡Las cosas cambian tan rápido!
Fede: ¿Crees que la gente dejará de trasladarse al trabajo?
Norbi: Mira, me parece que muchos van a trabajar en sus casas. Yo tengo algunos amigos que ya hacen eso.
Fede: ¿Y las profesiones? Posiblemente algunas desaparezcan, ¿no?
Norbi: Seguramente. Toma los sastres, por ejemplo. Ya casi no quedan.
Fede: Eso es cierto. Por otro lado, con la tecnología surgieron otras, como la de webdesigner.
» Veja a tradução desse diálogo na p. 239

II. VOCABULÁRIO
VOCABULARIO

VOCABULÁRIO 1: OCUPAÇÕES
VOCABULARIO 1: OCUPACIONES

Advogado(a): **abogado(a)**
Agente de viagens: **agente de viajes**
Agrônomo: **agrónomo**
Analista de sistemas: **analista de sistemas**
Arquiteto(a): **arquitecto(a)**
Assistente social: **asistente social**
Ator: **actor**
Atriz: **actriz**
Auditor: **auditor**
Balconista: **dependiente(a)/vendedor(a)**
Bancário(a): **empleado(a) de banco**
Banqueiro: **banquero(a)**
Barbeiro: **barbero**
Bibliotecário(a): **bibliotecario(a)**
Biólogo(a): **biólogo(a)**
Cabeleireiro(a): **Peluquero(a)**
Caixa: **cajero(a)**
Cantor(a): **cantor(a)**
Chefe de cozinha: **chef**
Comissário(a) de bordo: **comisario(a) de bordo**
Comprador(a): **comprador(a)**
Consultor(a): **consultora(a)**
Contador(a): **contador(a)**
Corretor de imóveis: **agente inmobiliario**
Corretor(a) de seguros: **corredor(a) de seguros**
Cozinheiro(a): **cocinero(a)**
Dançarino(a): **bailarín/bailarina**
Dentista: **dentista**
Diretor(a): **director(a)**
  administrativo(a): **director(a) administrativo(a)**
  comercial: **director(a) comercial**
  financeiro(a): **director(a) financiero(a)**
  industrial: **director(a) industrial**
  de marketing: **director(a) de marketing**
  de recursos humanos: **director(a) de recursos humanos**
Dona de casa: **ama de casa**
Economista: **economista**
Eletricista: **electricista**
Empreiteiro: **contratista**
  de obras: **contratista de obras**
Empresário: **empresario/hombre de negocios**
Engenheiro(a): **ingeniero(a)**
  civil: **ingeniero(a) civil**
  químico(a): **ingeniero(a) químico(a)**
  elétrico(a): **ingeniero(a) eléctrico(a)**
  de alimentos: **ingeniero(a) de alimentos**
  de produção: **ingeniero(a) de producción**
  de produto: **ingeniero(a) de producto**
Encanador: **plomero/fontanero**
Enfermeiro(a): **enfermero(a)**
Escritor(a): **escritor(a)**
Estagiário(a): **pasante**
Farmacêutico(a): **farmacéutico(a)**
Faxineiro(a): **persona de la limpieza**
Fiscal: **inspector(a)**
Físico(a): **físico(a)**
Fisioterapeuta: **fisioterapeuta**
Fotógrafo(a): **fotógrafo(a)**
Funcionário(a) público(a): **funcionario(a) público(a)**
Garçom: **camarero, mozo, mesero**
Garçonete: **camarera, moza, mesera**
Gerente: **gerente**
  administrativo: **gerente administrativo**
  financeiro: **gerente financiero**
  de vendas: **gerente de ventas**
  de marketing: **gerente de marketing**
  de recursos humanos: **gerente de recursos humanos**
  de produção: **gerente de producción**

Guia turístico: **guía turístico**
Intérprete: **intérprete**
Jornalista: **periodista**
Lixeiro: **basurero**
Mecânico: **mecánico**
Médico(a): **médico(a)**
Motorista: **conductor(a)/chofer**
Motorista de táxi: **taxista**
Músico: **músico**
Operador de telemarketing: **operador de telemarketing**
Personal trainer: **entrenador(a) personal**
Piloto (de avião, helicóptero, automóveis): **piloto**
Professor(a): **profesor(a)**
Professor universitário: **profesor(a)**
Profissional que projeta e desenvolve sites: **diseñador(a) de sitios**
Projetista: **proyectista**

Promotor de vendas: **representante de ventas**
Psicoanalista: **psicoanalista**
Psicólogo(a): **psicólogo(a)**
Químico(a): **químico(a)**
Recepcionista: **recepcionista**
Relações públicas: **relaciones públicas**
Responsável por um site na internet: **administrador(a) de sitios**
Secretário(a): **secretario(a)**
Supervisor(a): **supervisor(a)**
Técnico(a): **técnico(a)**
Telefonista: **operador(a)**
Tradutor(a): **traductor(a)**
Vendedor (em uma empresa): **vendedor(a)**
Vendedor (em uma loja): **dependiente(a), vendedor(a)**
Veterinário(a): **veterinario(a)**
Vigia: **vigilante**
Zelador(a): **conserje, portero(a)**

VOCABULÁRIO 2: PAÍSES E NACIONALIDADES
VOCABULARIO 2: PAÍSES Y NACIONALIDADES

PAÍS	PAÍS	NACIONALIDADE	NACIONALIDAD
África	África	Africano(a)	Africano(a)
Alemanha	Alemania	Alemão/Alemã	Alemán/Alemana
Argentina	Argentina	Argentino(a)	Argentino(a)
Austrália	Australia	Australiano(a)	Australiano(a)
Áustria	Austria	Austríaco(a)	Austríaco(a)
Bélgica	Bélgica	Belga	Belga
Bolívia	Bolivia	Boliviano(a)	Boliviano(a)
Brasil	Brasil	Brasileiro(a)	Brasileño(a)
Bulgária	Bulgaria	Búlgaro(a)	Búlgaro(a)
Canadá	Canadá	Canadense	Canadiense
Cingapura	Singapur	Cingapuriano(a)	de Singapur
Chile	Chile	Chileno(a)	Chileno(a)
China	China	Chinês/Chinesa	Chino(a)
Colômbia	Colombia	Colombiano(a)	Colombiano(a)
Coréia do Norte	Corea del Norte	Norte-coreano(a)	Norcoreano(a)
Coréia do Sul	Corea del Sur	Sul-coreano(a)	Sulcoreano(a)
Cuba	Cuba	Cubano(a)	Cubano(a)
Dinamarca	Dinamarca	Dinamarquês/ Dinamarquesa	Danés/Danesa
Egito	Egipto	Egípcio(a)	Egipcio(a)
Equador	Ecuador	Equatoriano(a)	Ecuatoriano(a)
Escócia	Escocia	Escocês/Escocesa	Escocés/Escocesa
Espanha	España	Espanhol(a)	Español(a)
Estados Unidos	Estados Unidos	Americano(a)	Americano(a)
Filipinas	Filipinas	Filipino(a)	Filipino(a)
Finlândia	Finlandia	Finlandês/Finladesa	Finlandés/Finlandesa
França	Francia	Francês/Francesa	Francés/Francesa
Grécia	Grecia	Grego(a)	Griego(a)
Groenlândia	Groenlandia	Groenlandês/ Groenlandesa	Groenlandés/ Groenlandesa
Guatemala	Guatemala	Guatemalteco(a)	Guatemalteco(a)
Haiti	Haití	Haitiano(a)	Haitiano(a)
Holanda	Holanda	Holandês/Holandesa	Holandés/Holandesa
Honduras	Honduras	Hondurenho(a)	Hondureño(a)

Hungria	Hungría	Húngaro(a)	Húngaro(a)
Índia	Índia	Indiano(a)	Indio(a)
Indonésia	Indonesia	Indonésio(a)	Indonesio(a)
Inglaterra	Inglaterra	Inglês/Inglesa	Inglés/Inglesa
Irã	Irán	Iraniano(a)	Iraní
Iraque	Irak	Iraquiano(a)	Iraquí
Irlanda	Irlanda	Irlandês/Irlandesa	Irlandés/Irlandesa
Islândia	Islandia	Islandês/Islandesa	Islandés/Islandesa
Israel	Israel	Israelita	Israelí
Itália	Italia	Italiano(a)	Italiano(a)
Jamaica	Jamaica	Jamaicano(a)	Jamaicano(a)
Japão	Japón	Japonês/Japonesa	Japonés/Japonesa
Kuwait	Kuwait	Kuwaitiano(a)	Kuwaití
Líbano	Líbano	Libanês/Libanesa	Libanés/Libanesa
Marrocos	Marruecos	Marroquino(a)	Marroquí
México	México	Mexicano(a)	Mexicano(a)
Nepal	Nepal	Nepalês/Nepalesa	Nepalés/Nepalesa
Nicarágua	Nicaragua	Nicaragüense	Nicaragüense
Nigéria	Nigeria	Nigeriano(a)	Nigeriano(a)
Noruega	Noruega	Norueguês/ Norueguesa	Noruegués/ Norueguesa
Nova Zelândia	Nueva Zelandia	Neozelandês/ Neozelandesa	Neozelandés/ Neozelandesa
Panamá	Panamá	Panamenho(a)	Panameño(a)
Paquistão	Paquistán	Paquistanês/ Paquistanesa	Paquistaní
Paraguai	Paraguay	Paraguaio(a)	Paraguayo(a)
Peru	Perú	Peruano(a)	Peruano(a)
Polônia	Polonia	Polonês/Polonesa	Polaco(a)
Porto Rico	Puerto Rico	Porto-riquenho(a)	Puertorriqueño(a)
Portugal	Portugal	Português/ Portuguesa	Portugués/ Portuguesa
Romênia	Rumania	Romeno(a)	Rumano(a)
Rússia	Rusia	Russo(a)	Ruso(a)
Suécia	Suecia	Sueco(a)	Sueco(a)
Suíça	Suiza	Suíço(a)	Suizo(a)
Turquia	Turquía	Turco(a)	Turco(a)
Uruguai	Uruguay	Uruguaio(a)	Uruguayo(a)
Venezuela	Venezuela	Venezuelano(a)	Venezolano(a)

VOCABULÁRIO 3: NÚMEROS ORDINAIS E CARDINAIS
VOCABULARIO 3: NÚMEROS ORDINALES Y CARDINALES

NÚMERO CARDINALES	NÚMEROS ORDINALES
1: Uno	Primero(a)*
2: Dos	Segundo(a)
3: Tres	Tercero(a)*
4: Cuatro	Cuarto(a)
5: Cinco	Quinto(a)
6: Seis	Sexto(a)
7: Siete	Séptimo(a)
8: Ocho	Octavo(a)
9: Nueve	Noveno
10: Diez	Décimo(a)
11: Once	Décimoprimero(a)*
12: Doce	Décimosegundo(a)
13: Trece	Décimotercero(a)*
14: Catorce	Décimocuarto(a)
15: Quince	Décimoquinto(a)
16: Dieciséis	Décimosexto(a)
17: Diecisiete	Décimoséptimo(a)
18: Dieciocho	Décimoctavo(a)
19: Diecinueve	Décimonoveno(a)/Décimonono(a)
20: Veinte	Vigésimo
21: Veintiuno	Vigésimo(a) primero(a)*
22: Veintidós	Vigésimo(a) segundo(a)
23: Veintitrés	Vigésimo(a) tercero(a)*
24: Veinticuatro	Vigésimo(a) cuarto(a)
25: Veinticinco	Vigésimo(a) quinto(a)
26: Veintiséis	Vigésimo(a) sexto(a)
27: Veintisiete	Vigésimo(a) séptimo(a)
28: Veintiocho	Vigésimo(a) octavo(a)
29: Veintinueve	Vigésimo(a) noveno(a)
30: Treinta	Trigésimo(a)
35: Treinta y cinco	Trigésimo(a) quinto
40: Cuarenta	Cuadragésimo(a)
42: Cuarenta y dos	Cuadragésimo(a) segundo(a)
50: Cincuenta	Quincuagésimo(a)
60: Sesenta	Sexagésimo(a)

70: Setenta	Septuagésimo(a)
80: Ochenta	Octogésimo(a)
90: Noventa	Nonagésimo(a)
100: Cien	Centésimo(a)
101: Ciento uno	Centésimo(a) primero(a)
129: Ciento veintinueve	
199: Ciento noventa y nueve	
200: Doscientos	
300: Trescientos	
1.000: Mil	
1.999: Mil novecientos noventa y nueve	
2.000: Dos mil	
3.000: Tres mil	
9.000: Nueve mil	
9.001: Nueve mil uno	
9.999: Nueve mil novecientos noventa y nueve	
10.000: Diez mil	
20.000: Veinte mil	
90.000: Noventa mil	
90.999: Noventa mil novecientos noventa y nueve	
100.000: Cien mil	
300.000: Trescientos mil	
900.000: Novecientos mil	
999.999: Novecientos noventa y nueve mil novecientos noventa y nueve	
1.000.000: Un millón	

* Na frente de substantivo masculino singular utiliza-se a forma **primer** y **tercer**.
* A conjunção **y** só se utiliza entre a dezena e a unidade.
* Após o 10 não se costuma usar ordinais.

VOCABULÁRIO 4: DIAS DA SEMANA, MESES DO ANO E HORAS
VOCABULARIO 4: DÍAS DE LA SEMANA, MESES DEL AÑO Y DICIENDO LA HORA

Dias da semana – Días de la semana

Segunda-feira: **lunes**
Terça-feira: **martes**
Quarta-feira: **miércoles**

Quinta-feira: **jueves**
Sexta-feira: **viernes**

Sábado: **sábado**
Domingo: **domingo**

Meses do ano – Meses del año

Janeiro: **enero**
Fevereiro: **febrero**
Março: **marzo**
Abril: **abril**

Maio: **mayo**
Junho: **junio**
Julho: **julio**
Agosto: **agosto**

Setembro: **septiembre**
Outubro: **octubre**
Novembro: **noviembre**
Dezembro: **diciembre**

Que horas são? – ¿Qué hora es?

São sete horas da manhã. – **Son las siete de la mañana.**
São sete horas da noite. – **Son las siete de la noche.**
São sete e cinco. – **Son las siete y cinco.**
São sete e quinze. – **Son las siete y quince/cuarto.**
São sete e vinte. – **Son las siete y veinte.**
São sete e meia. – **Son las siete y media.**
São sete e quarenta e cinco./São quinze para as oito. – **Son las siete y cuarenta y cinco./Son las ocho menos cuarto.**
São sete e cinqüenta./São dez para as oito. – **Son las siete y cincuenta./Son las ocho menos diez.**
É meio-dia. – **Es mediodía.**
É meia-noite. – **Es medianoche.**

Vocabulário adicional – Vocabulario adicional

Relógio de pulso – **reloj pulsera**
Relógio de parede ou de mesa – **reloj**
Meu relógio está adiantado. – **Mi reloj adelanta.**
Meu relógio está atrasado. – **Mi reloj atrasa.**
Sete horas em ponto. – **Son las siete en punto.**

VOCABULÁRIO 5: RELAÇÕES FAMILIARES
VOCABULARIO 5: RELACIONES FAMILIARES

Afilhado(a): **ahijado(a)**
Avô: **abuelo**
Avó: **abuela**
Avós: **abuelos**
Bisavô: **bisabuelo**
Bisavó: **bisabuela**
Bisavós: **bisabuelos**
Bisneto(a): **bisnieto(a)**
Bisnetos: **bisnietos**
Cunhado(a): **cuñado(a)**
Enteado(a): **hijastro(a)**
Esposo(a): **esposo(a)**
Filho(a): **hijo(a)**
Filhos: **hijos**
Genro: **yerno**
Irmã: **hermana**
Irmão: **hermano**
Madrasta: **madrastra**
Madrinha de batismo: **madrina**
Madrinha de casamento: **dama de honor**
Mãe: **madre**
Mamãe: **mami (informal)**

Marido: **marido**
Meio-irmão: **hermanastro**
Meia-irmã: **hermanastra**
Neto(a): **nieto(a)**
Netos: **nietos**
Noiva (durante o noivado): **prometida**
Noiva (no dia do casamento): **novia**
Noivo (durante o noivado): **prometido**
Noivo (no dia do casamento): **novio**
Nora: **nuera**
Padrasto: **padrastro**
Padrinho de batismo: **padrino**
Padrinho de casamento: **padrino de casamiento/boda**
Pai: **padre**
Pais: **padres**
Papai: **papi (informal)**
Parentes: **parientes**
Primo(a): **primo(a)**
Sobrinho(a): **sobrino(a)**
Sogro(a): **suegro(a)**
Tio(a): **tío(a)**

VOCABULÁRIO 6: O AUTOMÓVEL
VOCABULARIO 6: EL AUTOMÓVIL

Acelerador: **acelerador**
Airbag: **airbag**
Bagageiro: **portaequipaje/baca**
Banco do motorista: **asiento del conductor**
Banco do passageiro: **asiento del pasajero**
Breque: **freno**
Breque de mão: **freno de mano**
Buzina: **bocina/claxon (España)**
Calota: **tapacubos**
Capô: **capó**
Chapa: **placa**
Cinto de segurança: **cinturón de seguridad**
Direção: **volante**
Embreagem: **embrague**
Escapamento: **caño de escape**
Espelho retrovisor externo: **(espejo) retrovisor lateral**
Espelho retrovisor interno : **(espejo) retrovisor**

Estepe: **neumático de repuesto/goma de auxilio (Argentina)**
Faróis dianteiros: **faros/luces delanteras**
Limpadores de pára-brisa: **limpiaparabrisas**
Painel: **salpicadero**
Pára-brisa: **parabrisas**
Pára-choque: **parachoque/paragolpes (América Latina)**
Pneu: **neumático/goma (Argentina)**
Pneu sobressalente: **neumático de repuesto/goma de auxilio (Argentina)**
Porta-luvas: **guantera**
Porta-malas: **baúl**
Roda: **rueda**
Teto solar: **techo corredizo**
Velocímetro: **velocímetro**
Volante: **volante**

Vocabulário adicional - Vocabulario adicional

Buzinar: **bocinar**
Combustível: **fuel**
Direção hidráulica: **dirección asistida**
Este carro funciona com gasolina/álcool/ diesel/eletricidade: **este coche funciona a gasolina/gasoil/electricidad**
Funilaria: **carrocería**
Injeção eletrônica: **inyección de combustible**

Levantar o carro: **levantar el auto**
Macaco: **gato**
Marcha-ré: **marcha atrás**
Trocar o pneu: **cambiar el neumático/la goma (Argentina)**
Trocar de marcha: **cambiar de marcha**
Revisão: **revisión**
Vela: **bujía**

VOCABULÁRIO 7: A MOTOCICLETA
VOCABULARIO 7: LA MOTOCICLETA

Espelho: **espejo**
Guidom: **manillar/manubrio (Améria Latina)**
Motor: **motor**
Pezinho: **soporte**
Roda: **rueda**
Selim: **sillín**

VOCABULÁRIO 8: A BICICLETA
VOCABULARIO 8: LA BICICLETA

Breque: **freno**
Bomba: **bomba**
Corrente: **cadena**
Garfo: **horquilla**
Guidom: **manillar/manubrio (Améria Latina)**
Marcha: **marchas**
Pedal: **pedal**
Pneu: **neumático/goma (Argentina)**
Selim: **sillín**

VOCABULÁRIO 9: ROUPAS E CALÇADOS
VOCABULARIO 9: ROPA Y ZAPATOS

» Veja Vocabulário ativo: Roupas e calçados, p. 49
Agasalho: **chándal**
Blusa (de mulher): **blusa**
Blusa (de lã): **suéter/pulóver/jersey**
Boné: **gorra**
Botas: **botas**
Cachecol: **bufanda**
Calção: **traje de baño/bañador (España)/malla (Argentina, Bolivia, Uruguay)**
Calças: **pantalones**
Calcinha: **bragas (España)/bombacha (Argentina)/pantaletas (México y Venezuela)**
Camisa: **camisa**
Camisa pólo: **camiseta polo**
Camiseta: **camiseta/remera (Argentina)**
Casaco: **abrigo**
Chapéu: **sombrero**
Chinelos: **chinelas**
Chuteira: **botines**
Colete: **chaleco**
Cueca: **calzoncillos**
Gravata: **corbata**
Jaqueta de couro: **campera (Argentina)/cazadora de cuero**
Jeans: **jeans/vaqueros**
Maiô: **traje de baño/malla/bañador**
Meias: **medias**
Minissaia: **Minifalda**
Moletom: **sudadera (España)/buzo (Argentina)**
Saia: **falda/pollera (Argentina)**
Sandálias: **sandalias**
Sapatos: **zapatos**
Suéter: **suéter**
Sutiã: **sostén/corpiño (Argentina)**
Tênis: **tenis/zapatillas**
Terno: **traje/ambo**
Vestido: **vestido**

VOCABULÁRIO 10: ESPORTES
VOCABULARIO 10: DEPORTES

Asa-delta: **parapente**
Alpinismo: **alpinismo/montañismo**
Atletismo: **atletismo**
Basquetebol: **baloncesto/básquetbol**
Beisebol: **béisbol**
Boliche: **bolos**
Boxe: **box**
Ciclismo: **ciclismo**
Corrida: **aerobismo/cooper**
Esqui: **esquiar**
Futebol: **fútbol**
Futebol americano: **fútbol americano**
Golfe: **golf**
Handebol: **balonmano/handball**
Hóquei: **hockey**
Karatê: **karate**
Levantamento de peso: **levantamiento de pesas/halterofilia**
Mergulho: **buceo**
Natação: **natación**
Patinação: **patinaje**
Patinação no gelo: **patinaje sobre hielo**
Pesca: **pesca**
Skatismo: **skate boarding/deporte del monopatín**
Squash: **squash**
Surfe: **surf**
Tênis: **tenis**
Tênis de mesa: **ping-pong**
Trilha: **senderismo**
Velejar: **navegación a vela**
Voleibol: **balonvolea/vóleibol**
Windsurf: **surf a vela/windsurf**

VOCABULÁRIO 11: AFAZERES DOMÉSTICOS E OUTRAS ATIVIDADES
VOCABULARIO 11: TAREAS DOMÉSTICAS Y OTRAS ACTIVIDADES

Cozinhar: **cocinar**
Fazer a cama: **hacer/tender la cama**
Fazer um bolo: **hacer una torta/un pastel**
Lavar as roupas: **lavar ropa**
Lavar os pratos: **lavar los platos/la vajilla**
Passar o aspirador: **pasar la aspiradora**
Passar roupas: **planchar ropa**
Pôr a mesa: **poner la mesa**
Regar as plantas: **regar las plantas**
Tirar o pó: **sacar el polvo**
Varrer o chão: **barrer el piso**

Vocabulário adicional – **Vocabulario adicional**

Aspirador de pó: **aspirador(a)**
Máquina de lavar roupas: **lavarropa**
Secadora: **secador(a)**
Tábua de passar roupa: **tabla de planchar**

VOCABULÁRIO 12: COMIDA E BEBIDA
VOCABULARIO 12: COMIDA Y BEBIDA

CAFÉ-DA-MANHÃ – DESAYUNO

Açúcar: **azúcar**
Adoçante: **edulcorante**
Biscoito de água e sal: **galletita salada**
Biscoito doce: **bizcochito dulce**
Bolacha: **galleta/galletita dulce**
Bolo: **torta/pastel/bizcochuelo**
   de chocolate: **torta/pastel/biscochuelo de chocolate**
Café: **café**
Café com leite: **café con leche**
Café puro: **café negro o solo (España)/puro (Chile)/tinto (Colombia)**
Cereal: **cereal**
   flocos de milho: **copos de maíz**
Croissant: **medialuna**
Geléia: **mermelada/dulce**
   de morango: **mermelada/dulce de frutillas/fresas (España)**
   de pêssego: **mermelada/dulce de durazno/melocotón (España)**
Iogurte: **yogur**
Leite: **leche***
Manteiga: **manteca/mantequilla**
Margarina: **margarina**
Milk-shake: **batido/licuado con leche/leche malteada**
   de chocolate: **batido/licuado de chocolate**
Ovos com bacon: **huevos con panceta**
Ovos com presunto: **huevos con jamón**
Ovos mexidos: **huevos revueltos**
Pãezinhos: **pancito (Argentina)/panecillo (España)/bolillo (México)**
Panqueca: **panqueque**
Pão branco: **pan blanco**
   com manteiga: **pan con manteca/mantequilla**
   de centeio: **pan de centeno**
   integral: **pan integral**
Pasta de amendoim: **mantequilla de maní/cacahuete (España)/cacahuate (México)**
Presunto: **jamón**
Queijo: **queso**
   fresco: **queso cottage/fresco**

*Em Espanhol é uma palavra feminina.

Requeijão: **requesón**
Ricota: **ricota**
Suco: **jugo/zumo (España)**
  de laranja: **jugo/zumo de naranja**
  de maracujá: **jugo/zumo de maracuyá/fruto de la pasionaria**
  de melancia: **jugo/zumo de sandía**
Torrada: **tostada**

ALMOÇO E JANTAR – ALMUERZO Y CENA

Amendoim: **maní/cacahuete (España)/cacahuate (México)**
Aperitivo: **aperitivo**
Arroz com feijão: **arroz con frijoles**
Azeitonas: **olivas (España)/aceitunas (Argentina)**
Batata frita: **papas (Argentina)/batatas fritas**
Comida italiana: **comida italiana**
Coquetel de camarões: **cóctel de camarones/gambas (España)**
Espaguete: **espagueti**
  com almôndegas: **espagueti con albóndigas**
Macarrão tipo miojo: **fideos**
Massas: **pasta**
Lasanha: **lasaña**
Omelete: **omelette/tortilla francesa (España)**
Ovos: **huevos**
  cozidos: **huevos duros**
  fritos: **huevos fritos**
  mexidos: **huevos revueltos**
  de codorna: **huevos de codorniz**
Pão de alho: **pan de ajo**
Patê: **pasta/paté**
  de queijo: **pasta/paté de queso**
  de fígado: **paté de hígado**
  de atum: **paté de atún**
Queijo ralado: **queso rallado**
Queijos sortidos: **quesos surtidos**
Salada de alface: **ensalada de lechuga**
  de alface e tomate: **ensalada de lechuga y tomate**
  de repolho: **ensalada de repollo**
Sopa: **sopa**
  canja de galinha: **caldo de gallina**
  de cebola: **sopa de cebolla**
  de legumes: **sopa de verdura**
Suflê: **suflé**

de queijo: **suflé de queso**
de espinafre: **suflé de espinaca**
Uma refeição leve: **una comida liviana/ligera**
Uma refeição substancial: **comida sustancial**

CARNE – CARNE

Aves: **aves**
Carne assada: **rosbif/carne al horno**
  bovina: **carne de res**
  de vaca: **carne de vaca**
  de porco: **carne de cerdo/puerco (México)/chancho (Chile, Perú, Argentina)**
  costeletas de porco: **chuleta de cerdo/puerco (México)/chancho (Chile, Perú, Argentina)**
Carne moída: **carne picada**
Carneiro: **carnero**
Cordeiro: **cordero**
Codorna: **codorniz**
Coelho: **conejo**
Bife: **bistec/filete/bife (Argentina)**
Bife de frango: **bistec/filete/bife (Argentina) de pollo**
Frango: **pollo**
  frango assado: **pollo al horno/asado**
Lingüíça: **chorizo**
Pato: **pato**
Peito de frango: **pechuga de pollo**
Peru: **pavo**
  assado: **pavo al horno/asado**
Torta de frango: **tarta de pollo**
Vitela: **ternera**

FRUTOS-DO-MAR E PEIXES – PESCADOS Y MARISCOS

Atum: **atún**
Bacalhau: **bacalao**
Camarão: **camarón/gamba (España)/langostino**
  frito: **camarón/gamba (España)/langostino frito(a)**
Lagosta: **langosta**
Linguado: **lenguado**
Ostra: **ostra**
Peixe: **pescado***
Salmão: **salmón**
  defumado: **salmón ahumado**
Sardinha: **sardina**
Truta: **trucha**

LEGUMES – LEGUMBRES**

Abóbora: **zapallo**
Abobrinha: **calabacín/zapallito**
Aipo: **apio**
Alcachofra: **alcaucil (Argentina)/alcachofa**
Alface: **lechuga**
Alho: **ajo**
Aspargo: **espárrago**
Azeitona: **aceituna/oliva**
Berinjela: **berenjena**
Batata: **papa (Argentina)/patata**
Beterraba: **remolacha**
Brócoli: **broccoli**
Cebola: **cebolla**
Cenoura: **zanahoria**
Cogumelo: **hongo/seta**
Couve-flor: **coliflor**
Ervilhas: **arvejas**
Espinafre: **espinaca**
Feijão: **judía/frijol**
Lentilha: **lenteja**
Milho cozido: **mazorca de maíz/choclo hervido(a)**
Nabo: **nabo**
Palmito: **palmito**
Pepino: **pepino**
Pimentão: **pimentón/pimiento**
Quiabo: **okra/bamia**
Rabanete: **rabanito**
Repolho: **repollo**
Salsinha: **perejil**
Tomate: **tomate**
Vagem: **judía verde/chaucha (Argentina)**

FRUTAS – FRUTAS

Abacate: **aguacate/palta**
Abacaxi: **ananá**
Ameixa: **ciruela**
Banana: **banana/plátano**

---

* O Espanhol conta com duas palavras para designar um peixe: pez, quando está vivo no seu ambiente natural ou em aquários, e pescado quando está morto.
** Em Espanhol é uma palavra feminina.

Cereja: **cereza**
Coco: **coco**
Damasco: **damasco**
Figo: **higo**
Goiaba: **guayaba**
Laranja: **naranja**
Limão: **limón**
Maçã: **manzana**
Manga: **mango**
Maracujá: **maracuyá/fruta de la pasionaria**
Melancia: **sandía**
Melão: **melón**
Mexerica: **mandarina**
Morango: **frutilla (Argentina)/fresa**
Papaia: **papaya**
Pêssego: **durazno (Argentina)/melocotón (España)**
Pêra: **pera**
Toranja: **toronja/pomelo**
Uvas: **uvas**

SOBREMESAS – POSTRES

Arroz doce: **arroz con leche**
Bolos: **tortas/pasteles**
   de chocolate: **torta/pastel/biscochuelo de chocolate**
Salada de fruta: **ensalada de fruta**
» Veja também Frutas, p. 149
Sorvete: **helado**
   de creme: **helado de crema**
   de chocolate: **helado de chocolate**
Torta de maçã: **torta/pastel de manzana**
Torta de queijo: **torta/pastel de queso**

FRUTAS SECAS E CASTANHAS – FRUTAS SECAS Y NUECES

Ameixa seca: **ciruela seca**
Amêndoa: **almendra**
Amendoim: **maní/cacahuete**
Avelã: **avellana**
Castanha: **castaña**
Castanha-de-caju: **castaña de cajú/nuez de la Índia (México)**
Tâmara: **támara/dátil**
Uva-passa: **pasas de uva**

TEMPEROS E CONDIMENTOS – ADEREZOS Y CONDIMENTOS

Alcaparra: **alcaparra**
Azeite: **aceite de oliva**
Canela: **canela**
Condimento: **especia**
Condimentado: **condimentado**
Cravo: **clavo de olor**
Ketchup: **ketchup**
Maionese: **mayonesa**
Molho: **salsa**
  de tomate: **salsa de tomate**
Manjericão: **albahaca**
Mostarda: **mostaza**
Orégano: **orégano**
Picante: **picante**
Pimenta: **pimienta**
Sal: **sal***
Tempero: **condimento**
Vinagre: **vinagre**

LANCHES – TENTEMPIÉS

Cachorro-quente: **perro caliente/frankfurter (España)**
Hambúrguer: **hamburguesa**
Hambúrguer com queijo: **hamburguesa con queso**
Misto-quente: **un tostado de jamón y queso**
  um sanduíche de presunto e queijo: **un sándwich/emparedado/bocadillo (España)**
  de jamón y queso
Pizza: **pizza**
  uma fatia de pizza: **uma porción de pizza**
Sanduíche de atum: **sándwich/emparedado/bocadillo (España) de atún**
Sanduíche de frango: **sándwich/emparedado/bocadillo (España) de pollo**

BEBIDAS – BEBIDAS

Água: **agua mineral**
Água mineral com gás: **agua mineral con gas**
Café: **café**
  com leite: **café con leche**
  puro: **café negro o solo (España)/puro (Chile)/tinto (Colombia)**
Cappuccino: **cappuccino**
Chá: **té**

*Em Espanhol é uma palavra feminina.

Leite com chocolate: **leche chocolatada**
Limonada: **limonada**
Milk-shake: **licuado/batido/leche malteada**
Refrigerante: **gaseosa**
Suco: **jugo/zumo (España)**
» Veja também Café-da-manhã, p. 146

BEBIDAS ALCOÓLICAS – BEBIDAS ALCOHÓLICAS

Cerveja: **cerveza**
Chope: **cerveza de barril(México)/tirada (Argentina)**
Conhaque: **coñac/brandy**
Gim: **gin/ginebra**
  gim-tônica: **gintonic/ginebra con tónica**
Martini seco: **martini seco**
Vinho: **vino**
  branco: **vino blanco**
  tinto: **vino tinto**
Vodca: **vodca**
Uísque: **whisky/güisqui**
  com gelo: **whisky/güisqui con hielo**
  puro: **whisky/güisqui puro**

VOCABULÁRIO 13: O ROSTO
VOCABULARIO 13: EL ROSTRO

Amígdalas: **amígdalas**
Boca: **boca**
Bochecha: **mejilla/cachete**
Cabelo: **cabello/pelo**
Cílios: **pestañas**
Dentes: **dientes**
Garganta: **garganta**
Gengiva: **hencía**
Lábios: **labios**
Língua: **lengua**
Maxilar: **mandíbula/quijada**
Nariz: **nariz**
Olhos: **ojos**
Orelhas: **orejas**
Pálpebra: **párpado**
Pescoço: **cuello**
Queixo: **mentón**
Sobrancelha: **ceja**
Testa: **frente**

VOCABULÁRIO 14: O CORPO
VOCABULARIO 14: EL CUERPO

Apêndice: **apéndice**

Artéria: **arteria**

Baço: **bazo**

Barriga: **barriga**

Bexiga: **vejiga**

Braço: **brazo**

Cabeça: **cabeza**

Calcanhar: **talón**

Cintura: **cintura**

Coluna vertebral: **columna vertebral**

Coração: **corazón**

Costas: **espalda**

Costela: **costilla**

Cotovelo: **codo**

Coxa: **muslo**

Dedos

  anular: **dedo anular**

  indicador: **dedo indicador**

  médio: **dedo medio/corazón**

  mínimo, mindinho: **meñique**

  da mão: **dedos de la mano**

  do pé: **dedos de los pies**

Fígado: **hígado**

Joelho: **rodilla**

Mão: **mano**

Músculo: **músculo**

Nádegas: **nalgas**

Ombro: **hombro**

Órgãos: **órganos**

Peito: **pecho**

Pé: **pie**

Pênis: **penis**

Perna: **pierna**

Pés: **pies**

Polegar: **pulgar**

Pulmões: **pulmones**

Pulso: **pulso/muñeca**

Quadril: **cadera**

Rins: **riñones**

Seio: **seno/pecho**

Tornozelo: **tobillo**

Unha: **uña**

Vagina: **vagina**

Veia: **vena**

VOCABULÁRIO 15: NO MÉDICO: SINTOMAS E DOENÇAS
VOCABULARIO 15: EN EL MÉDICO: SÍNTOMAS Y ENFERMEDADES

Alergia: **alergia**
Amigdalite: **amigdalitis**
Apendicite: **apendicitis**
Artrite: **artritis**
Asma: **asma**
Ataque epiléptico: **ataque epiléptico**
Bolha: **ampolla**
Bronquite: **bronquitis**
Cãibra: **calambre**
Catapora: **varicela**
Checkup anual: **checkup anual**
Cólicas estomacais: **retorcijones/ retortijones (España)**
Convulsão: **convulsión**
Derrame: **derrame**
Diabete: **diabetis**
Diarréia: **diarrea**
Efeito collateral: **efecto secundario**
Enfarte: **infarto**
Enjôo: **náuseas/mareo**
Enxaqueca: **jaqueca**
Erupção cutânea: **sarpullido**
Hérnia: **hernia**

Inchaço: **hinchazón**
Infecção: **infección**
Injeção: **inyección**
Insônia: **insomnio***
Laringite: **laringitis**
Machucado: **lastimadura**
Manchas: **manchas**
Náusea: **náusea**
Picada de inseto: **picadura**
Pneumonia: **pneumonía**
Pronto-socorro: **urgencias**
Queimadura: **quemadura**
Reumatismo: **reumatismo**
Rubéola: **rubeola**
Sangramento: **hemorragia**
Sangrar: **sangrar**
Sarampo: **sarampión**
Sinusite: **sinusitis**
Sutura: **sutura**
Suturar: **suturar**
Tontura: **mareo**
Úlcera: **úlcera**
Varíola: **viruela**

Tipos de médico - Tipos de médicos

Cardiologista: **cardiólogo**
Cirurgião: **cirujano**
Clínico geral: **clínico general**
Ginecologista: **ginecólogo**
Neurologista: **neurólogo**

Oftalmologista: **oftalmólogo/oculista**
Ortopedista: **ortopedista/ortopeda**
Otorrinolaringologista: **otorrinolaringólogo**
Pediatra: **pediatra**

*Em Espanhol é uma palavra masculina.

VOCABULÁRIO 16: NO DENTISTA
VOCABULARIO 16: EN EL DENTISTA

Anestesia: **anestesia**
Antisséptico bucal: **enjuague bucal**
Arrancar um dente: **sacarle un diente a alguien**
Bochechar: **enjuagarse la boca**
Broca de dentista: **torno**
Canal: **conducto**
Cárie: **caries**
Coroa: **corona**
Dentadura: **dentadura postiza**
Dente de leite: **diente de leche**
Dente do siso: **muela de juicio**
Escova de dente: **cepillo de dientes**
Escovar: **cepillarse**
Fio dental: **hilo dental**
Gargarejar: **hacer gárgaras**
Gargarejo: **gárgara**
Hora marcada no dentista: **cita con el dentista**
Obturar um dente: **emplomar/empastar (España) una muela**
Obturação: **emplomadura (Argentina/Uruguay/Paraguay)/un empaste (España)**
Passar fio dental: **limpiar con hilo dental**
Pasta de dente: **crema dental**
Ponte: **puente***

*Em Espanhol é uma palavra masculina.

VOCABULÁRIO 17: ARTIGOS DE DROGARIA
VOCABULARIO 17: ARTÍCULOS DE FARMACIA

Acetona: **acetona/quitaesmalte**
Água oxigenada: **agua oxigenada**
Algodão: **algodón**
Analgésico: **analgésico**
Aparelho de barbear: **máquina de afeitar**
Aspirina: **aspirina**
Atadura: **venda**
Barbeador elétrico: **máquina de afeitar eléctrica**
Batom: **lápiz de labios**
Bronzeador: **bronceador**
Calmante: **sedante/tranquilizante**
Colírio: **colirio**
Condicionador de cabelos: **crema enjuague**
Cortador de unha: **cortador de uñas**
Cotonete: **isopo**
Creme de barbear: **crema de afeitar**
Curativo adesivo: **curita/tirita (España)**
Desodorante em bastão: **desodorante en barra**
Escova de cabelos: **cepillo**
Escova de dente: **cepillo de dientes**
Esmalte: **esmalte**
Espuma de barbear: **espuma de afeitar**
Estojo de primeiros socorros: **botiquín de primeros auxilios**
Fio dental: **hilo dental**

Gaze: **gaza**
Grampo de cabelo: **horquilla**
Lâmina de barbear: **hoja de afeitar**
Lenço de papel: **pañuelo de papel**
Lixa de unha: **lima de uñas**
Loção pós-barba: **loción para después de afeitarse**
Mercúrio: **mercurio**
Papel higiênico: **papel higiénico**
Pasta de dente: **pasta de dientes**
Pente: **peine**
Pincel de barba: **brocha de afeitar**
Pomada: **pomada**
Preservativo: **condón, preservativo, forro (Argentina informal)**
Protetor solar: **pantalla solar**
Remédio para dor de ouvido: **gotas para el oído**
Rímel: **rímel**
Sabonete: **jabón de tocador**
Seringa: **jeringa**
Supositório: **supositorio**
Talco: **talco**
Tesoura: **tijeras**
Tilenol: **Tilenol**
Xampu: **champú**
Xarope: **jarabe**

VOCABULÁRIO 18: A CASA
VOCABULARIO 18: LA CASA

Antena: **antena**
Banheiro: **baño/cuarto de baño**
Cerca: **cerca**
Chaminé: **chimenea**
Cozinha: **cocina**
Dormitórios: **dormitorios**
Garagem: **garaje***
Jardim: **jardín**

Lavanderia: **lavadero**
Piscina: **piscina/pileta (Argentina)**
Porão: **sótano**
Portão: **portón**
Quintal: **patio**
Sala de estar: **sala de estar/salón/líving**
Sala de jantar: **comedor**
Sótão: **desván/ático/altillo**

VOCABULÁRIO 19: COISAS E OBJETOS DA SALA DE ESTAR
VOCABULARIO 19: MUEBLES Y OBJETOS DEL SALÓN

Abajur: **velador**
Almofada: **almohadón**
Aparelho de DVD: **aparato de DVD**
Console: **repisa**
Equipamento de som: **equipo de sonido**
Estante: **estante**

Lareira: **chimenea**
Mesa de centro: **mesilla/mesita de centro**
Poltrona: **sillón**
Sofá: **sofá**
Tapete: **alfombra**
Televisão: **televisor**

*Em Espanhol é uma palavra masculina.

VOCABULÁRIO 20: COISAS E OBJETOS DA COZINHA
VOCABULARIO 20: MUEBLES Y OBJETOS DE LA COCINA

Armário: **armario/aparador**
Caneca: **jarrita/tarro (México)**
Colher: **cuchara**
Copo: **vaso**
Faca: **cuchillo**
Fogão: **cocina**
Forno: **horno**
Forno de microondas: **horno de microondas**
Freezer: **freezer**
Garfo: **tenedor**
Geladeira: **heladera (Argentina)/nevera (España)**
Máquina de lavar pratos: **lavaplatos**
Pia: **fregadero/pileta (Argentina)**
Prato: **plato**
Torneira: **canilla (Argentina)/grifo (España.)**
Torradeira: **tostadora**
Xícaras: **tazas**

Vocabulário adicional – Vocabulario adicional

Comida congelada: **comida congelada**
Descongelar: **descongelar**
Esquentar: **calentar**
Talheres: **cubiertos**
Lavar os pratos: **lavar los platos/la vajilla**

VOCABULÁRIO 21: COISAS E OBJETOS DE DORMITÓRIO
VOCABULARIO 21: MUEBLES Y OBJETOS DEL DORMITORIO

Armário: **armario**
Cabides: **perchas**
Cadeira: **silla**
Cama: **cama**
Cobertor: **manta (España)/cobija, frazada (América Latina)**
Criado-mudo: **mesita de noche/mesa de luz**
Despertador: **despertador**
Fronha: **funda**
Lençol: **sábana**
Mesa: **mesa**
Travesseiro: **almohada**

Vocabulário adicional – Vocabulario adicional

Dobrar o cobertor/os lençóis: **doblar la manta/las sábanas**
Fazer a cama: **hacer/tender la cama**
Pendurar as roupas/colocar no cabide: **colgar la ropa en una percha**
Programar o despertador: **poner el despertador**
Trocar os lençóis: **cambiar las sábanas**

VOCABULÁRIO 22: COISAS E OBJETOS DO BANHEIRO
VOCABULARIO 22: MUEBLES Y OBJETOS DEL BAÑO

Banheira: **bañera/bañadera (Argentina)**
Chuveiro: **ducha**
Escova de dente: **cepillo de dientes**
Espelho: **espejo**
Pasta de dente: **pasta de dientes**
Pia: **lavamanos/pileta/lavabo**
Secador de cabelos: **secador de pelo**

Vocabulário adicional - Vocabulario adicional

Dar descarga: **tirar la cadena**
Escovar os dentes: **lavarse/cepillarse los dientes***
Lavar o rosto: **lavarse la cara***
Olhar-se no espelho: **mirarse en el espejo***
Pentear o cabelo: **peinarse***
Secar o cabelo: **secarse el pelo***
Tomar um banho de banheira: **bañarse***
Tomar um banho de chuveiro/uma ducha: **ducharse***

* Veja "Guia de referência gramatical 8": Verbos pronominais que descrevem rotinas, p. 193

VOCABULÁRIO 23: ANIMAIS E BICHOS DE ESTIMAÇÃO
VOCABULARIO 23: ANIMALES Y ANIMALES DE ESTIMACIÓN

Bode: **cabra**
Boi: **toro**
Cachorro: **perro**
Cavalo: **caballo**
Cisne: **cisne**
Coelho: **conejo**
Falcão: **halcón**
Galinha: **gallina**
Galo: **gallo**
Gato: **gato**
Hamster: **hamster**

Leão: **león**
Macaco: **mono**
Papagaio: **loro/papagayo**
Pássaro: **pájaro**
Pato: **pato**
Pavão: **pavo**
Ovelha: **oveja**
Rinoceronte: **rinoceronte**
Tigre: **tigre**
Vaca: **vaca**

Vocabulário adicional – Vocabulario adicional

Coleira: **collar**
Gaiola: **jaula**
Coleira: **correa**
Gado: **ganado**
Latir: **ladrar**
Miar: **maullar**
Morder: **morder**
Picar: **picar**
Pulgas: **pulgas**
Veterinário: **veterinario**

VOCABULÁRIO 24: O ESCRITÓRIO
VOCABULARIO 24: LA OFICINA

Arquivo: **archivo**
Calculadora: **calculadora**
Calendário: **calendario/almanaque**
Cestinho de lixo: **tacho/cesto de basura**
Clipe: **clip/gancho**
Computador: **computadora/ordenador (España)**
Copiadora: **fotocopiadora**
Escaneadora: **escáner**
Estação de trabalho/baia: **estación de trabajo**
Fax: **fax**
Furador: **perforadora**
Gavetas: **cajones**
Grampeador: **grapadora, engrapadora (América Latina)/corchetera (Chile)**
Impressora: **impresora**
Mesa: **mesa**
Pasta arquivo: **carpeta de archivo**

Vocabulário adicional - Vocabulario adicional

Deixar um recado na secretária eletrônica: **dejar un mensaje en el contestador automático**
Enviar um fax: **enviar/mandar un fax**
Escanear: **escanear**
Imprimir: **imprimir**
Jogar fora: **tirar (Argentina)/arrojar (España)/botar (Ecuador)/echar a la basura**
Mandar um e-mail: **mandar/enviar un e-mail**
Tirar uma cópia: **hacer una copia**

VOCABULÁRIO 25: DITADOS E PROVÉRBIOS
VOCABULARIO 25: DICHOS Y PROVERBIOS

O uso de ditados e provérbios para descrever ou exemplificar situações é comum em todos os idiomas. Por isso, conhecer os ditados e provérbios mais comuns em espanhol contribui para uma melhor compreensão dos falantes nativos, bem como de diálogos e textos. Veja na lista abaixo os principais ditados e provérbios empregados na conversação cotidiana. Você poderá observar que nem sempre existe equivalência literal entre os provérbios em espanhol e os em português.

A cavalo dado não se olham os dentes. – **A caballo regalado no se le miran los dientes.**
Achado não é roubado. – **El que se fue a Sevilla, perdió su silla.**
Água mole em pedra dura tanto bate até que fura. – **Tanto va el cántaro a la fuente que al final se rompe.**
Águas passadas não movem moinho. – **Lo pasado, pisado.**
Anime-se! Você ainda não viu nada! – **¡Anímate! ¡Lo peor está por suceder!**
Antes só do que mal acompanhado. – **Mejor solo que mal acompañado.**
Antes tarde do que nunca. – **Más vale tarde que nunca.**
As aparências enganam. – **Las apariencias engañan.**
A prática leva à perfeição. – **La práctica lleva a la perfección.**
A pressa é inimiga da perfeição. – **No por mucho madrugar, se amanece más temprano.**
Cão que ladra não morde. – **Perro que ladra no muerde.**
Depois da tempestade vem a bonança. – **Después de la tormenta viene la calma.**
Deus ajuda quem cedo madruga. – **Dios ayuda a quien madruga.**
Dinheiro não cai do céu. – **El dinero no cae del cielo./El dinero no crece en árboles.**
Diz-me com quem andas e te direi quem és. – **Dime con quién andas y te dire quién eres.**
Duas cabeças pensam melhor do que uma. – **Dos cabezas piensan mejor que una.**
Em boca fechada não entra mosquito. – **En boca cerrada no entran moscas.**
É melhor prevenir do que remediar. – **Más vale prevenir que curar.**
Faça o que eu digo e não o que eu faço. – **Haz lo que yo digo, pero no lo que yo hago.**
Falando do diabo, aparece o rabo. – **Mencionas al diablo y se aparece.**
E mais fácil dizer do que fazer! – **¡El hablar es más fácil que el probar!**
Gato escaldado tem medo de água fria. – **Gato escaldado del agua fría huye.**
Há males que vêm para o bem. – **No hay mal que por bien no venga.**
Mais vale um passáro na mão do que dois voando. – **Más vale pájaro en mano que cien volando.**
Matar dois coelhos com uma cajadada só. – **Matar dos pájaros de un tiro.**
Mente vazia, oficina do diabo. – **La pereza es la madre de todos los vicios.**
Não adianta chorar sobre o leite derramado. – **No merma el daño el ser muchos a llorarlo.**
Não cuspa no prato em que come. – **Mano que te da de comer no has de morder.**

Não deixe para amanhã o que você pode fazer hoje. – **No dejes para mañana lo que puedas hacer hoy.**

Não dê o pulo maior do que a perna. – **No vendas la piel antes de cazar al oso.**

Não faça tempestade em copo-d'água. – **No te ahogues en un vaso de agua.**

Não julgue um livro pela capa. – **Las apariencias engañan.**

Não ponha o carro na frente dos bois. – **No empieces la casa por el tejado.**

Nem tudo o que brilha/reluz é ouro. – **No todo lo que brilla es oro.**

No amor e na guerra vale tudo. – **En la guerra y en el amor todo vale y se comparte.**

Para bom entendedor, meia palavra basta. – **A buen entendedor pocas palabras.**

O amor é cego. – **El amor es ciego.**

O crime não compensa. – **El crimen no compensa.**

Onde há fumaça, há fogo. – **Donde hubo fuego, cenizas quedan.**

O que os olhos não vêem, o coração não sente. – **Ojos que no ven, corazón que no siente.**

O sucesso depende de 10% de inspiração e 90% de transpiração. – **El éxito depende de 10% de inspiración y de 90% de transpiración.**

Quando o gato sai, o rato faz a festa. – **El ojo del amo engorda el ganado.**

Quando um não quer, dois não brigam. – **Dos no discuten si uno no quiere.**

Quem ama o feio bonito lhe parece. – **El deseo hace hermoso lo feo.**

Quem não arrisca não petisca. – **El mundo es de los audaces.**

Quem não tem cão caça com gato. – **A falta de pan, buenas son tortas.**

Quem ri por último ri melhor. – **Quien ríe por último, ríe mejor.**

Querer é poder. – **Querer es poder.**

Roupa suja se lava em casa. – **La ropa sucia se lava en casa.**

Seguro morreu de velho. – **Más vale prevenir que curar.**

Se não pode vencê-los, junte-se a eles! – **Si no puedes lo que quieres, quiere lo que puedes.**

Tal pai, tal filho. – **De tal palo, tal astilla.**

Tudo o que é bom dura pouco. – **Los placeres son por onzas, y los males por arrobas.**

Uma mão lava a outra. – **Una mano lava la otra y ambas lavan la cara.**

Um erro não conserta o outro. – **Dos errores no conforman un acierto.**

VOCABULÁRIO 26: EXPRESSÕES COMUNS DO DIA-A-DIA
VOCABULARIO 26: EXPRESIONES COTIDIANAS

A comunicação em qualquer idioma é repleta de frases e expressões coloquiais empregadas repetidamente no dia-a-dia. Muitas vezes são frases fixas tão freqüentemente utilizadas que passam a ser empregadas automaticamente pelos falantes de um determinado idioma nas situações que lhe competem. Daí a importância desta seção de vocabulário, já que ela permite que você conheça previamente várias frases comuns que certamente irá ouvir em diferentes contextos de conversação. Além disso, esta seção permite que você esteja preparado para se expressar em espanhol quando necessário.

Acabou? (de fazer algo) – **¿Listo?**
Acelera! – **¡Apúrate!**
A conclusão é... – **La conclusión es...**
Aconteça o que acontecer! – **¡Pase lo que pase!**
Acredite se quiser! – **¡Aunque no te lo creas!**
Adivinha o quê! – **¡Adivina qué pasó!**
Agüenta firme aí! – **¡Quédate ahí!**
A propósito... – **A propósito...**
Aqui está! (o que você pediu) – **¡Aquí lo tienes!**
As coisas estão se encaixando. – **Las cosas se están arreglando.**
Até aqui tudo bem! – **¡Por ahora no hubo problemas!**
A vida é assim mesmo! – **¡Así es la vida!**
À vista ou no cartão? – **¿Al contado o con tarjeta?**
Bem feito! (você mereceu o castigo) – **¡Te lo mereces!**
Cara ou coroa? – **¿Cara o seca?**
Com certeza! – **¡Con toda seguridad!**
Como é que é mesmo? – **¿Cómo dijiste?**
Como é que pode? – **¿Cómo es posible?**
Com o passar do tempo... – **Según pasan los años...**
Contenha-se! – **¡Contrólate! (Tú)/Contrólese (Usted)**
Conseguiu? – **¿Lo conseguiste? (tú)? ¿Lo consiguió? (Usted)**
Cuide da sua vida! – **¡No te entrometas!**
Dá para perceber! – **¡Ya me di cuenta!**
Daqui pra frente... – **De ahora en adelante...**
Dá uma olhada! – **¡Échale/Dale una ojeada/un vistazo!**
Dá um tempo! – **¡Dame un respiro!**
De agora em diante... – **De ahora en adelante...**
Deixa pra lá! – **¡Olvídalo!**
De jeito nenhum! – **¡De ninguna manera!**

Desembucha! – ¡Dilo/Habla de una vez!

Deu pau! (no computador) – ¡Se colgó!

Deu tudo certo no final. – Al final salió todo bien.

Dois é bom, três é demais! – Dos es compañía, tres es multitud

Dou-lhe uma, dou-lhe duas... – A la una, a las dos,...

E agora? – ¿Y ahora?

E aí? – ¿Qué cuentas?

É aí que você entra! – ¡Y ahí es donde tú entras!

É a sua vez! – ¡Te toca a ti!

E daí? – ¿Y qué?

É isso aí! – ¡Eso es todo!

É mesmo! (concordando com alguém) – ¡Es verdad!

Ele já era! – ¡Él ya pasó al olvido!

É por minha conta! (oferecendo-se para pagar a conta em um restaurante etc.) – ¡Hoy invito yo!

É para o seu próprio bem! – ¡Es por tu propio bien!

Era uma vez... – Era una vez...

É só uma mentirinha! – ¡Fue solo una mentira piadosa!

Esta é só a ponta do iceberg! – ¡Esto es solo la punta del iceberg!

Estou caindo fora! – ¡Me voy!

Estou me lixando. – ¡Me importa un bledo

É verdade! – ¡Es verdad!

É uma droga! – ¡Es una mierda!

Eu idem! – Yo, ídem!

Eu já vou embora! – ¡Me tengo que ir!

Eu também! – ¡Yo también!

Fala logo! – ¡Habla de una vez!

Fala sério! – ¡Ahora en serio!

Falar é fácil, difícil é fazer! – ¡Es más fácil decirlo que hacerlo!

Fique à vontade! – ¡Ponte/Póngase cómodo!

Foi demais! – ¡Fue impresionante!

Foi por pouco! – ¡Fue por poco!

Foi por um triz! – ¡Fue por un tris!

Grande coisa! – ¡No es nada del otro mundo!

Há quanto tempo a gente não se vê! – ¡Cuánto tiempo sin verte!

Isso dá! – ¡(Eso) es suficiente!

Isso é bobagem! – ¡Qué idiotez!

Isso é mentira! – ¡(Eso) es mentira!

Isso é uma mixaria! – ¡(Eso) es una miseria!

Isso é um roubo! (muito caro) – ¡(Eso) es un robo!

Isso que é vida! – ¡Esto sí que es vida!

Isso serve! – ¡Eso sirve!

Isso te lembra alguma coisa? – **¿Qué te recuerda esto?**

Já volto! – **¡Enseguida vuelvo!**

Juro por Deus. – **Juro por Dios.**

Lar doce lar! – **¡Hogar dulce hogar!**

Legal! – **¡Buenísimo!**

Mas e se...? – **¿Pero y si...?**

Me deixa em paz! – **¡Déjame en paz! (tú); ¡Déjeme en paz!**

Me poupe! – **¡No me metas!**

Missão cumprida! – **¡Misión cumplida!**

Muito barulho por nada. – **Mucho ruido y pocas nueces.**

Muito bem! – **¡Muy bien!**

Nada é de graça! – **¡Nada es gratis!**

Nada feito! – **¡Imposible!**

Não é da sua conta! – **¡Esto no es asunto tuyo (suyo)!**

Não estou falando sério! – **¡Lo dije en broma!**

Não esquenta! – **¡No te calientes!**

Não importa! – **¡No importa!**

Não me entenda mal. – **No me malinterprete(s).**

Não posso acreditar no que vejo! – **¡No me lo puedo creer!**

Não se preocupe! – **¡No te preocupes! (tú); ¡No se preocupe! (Usted)**

Não tem importância! – **¡No tiene importancia!**

Não tenho a mínima idéia! – **¡No tengo la más mínima idea!**

Não tenha pressa! – **¡Tómate el tiempo que necesites! (tú); Tómese el tiempo que necesite (usted)**

Não tô nem aí. – **¿Y mí qué?**

Não vejo a hora de... – **No veo la hora de...**

Negócio fechado! – **¡Trato hecho!**

No que se refere a... – **En lo que se refiere a...**

O gato comeu sua língua? – **¿El gato te comió la lengua?**

Olha só quem tá falando! – **¡Mira quién habla!**

O que adiantaria isso? – **¿Y de qué sirve eso?**

O que deu em você? – **¿Qué te agarró?**

O que é demais é demais! – **¡Ya basta!**

O que eu ganho com isso? – **¿Y yo que gano con eso?**

O que foi que você disse? – **¿Qué fue lo que dijiste?**

O que há com você? – **¿Qué te pasa?**

O que você está tramando? – **¿Qué estás tramando?**

O que você quer dizer? – **¿Qué quieres decir?**

Parabéns! – **¡Felicitaciones!**

Pára com isso! – **¡Basta!**

Pára de brincar! – **¡Basta de bromas!**

Pega leve! – **¡Tómatelo con calma!**

Pelo amor de Deus! – ¡Por el amor de Dios!

Pé na tábua! – ¡Date prisa!

Pode apostar! – ¡Te apuesto que sí!

Pode crer! – ¡Te lo aseguro!

Por outro lado... – Por otro lado...

Primeiro as damas! – ¡Primero las damas!

Puxa vida! – ¡La pucha!

Qual é a graça? – ¿Qué gracia tiene?

Qual é o lance? – ¿Qué problema hay?

Qual é o placar? – ¿Cómo van?

Qual é a pressa? – ¿Por qué tanta prisa/tanto apuro?

Qual é o problema? – ¿Qué pasa?

Quando o assunto é... – Cuando el tema es...

Que eu saiba... – Que yo sepa...

Que eu me lembre... – Que yo recuerde...

Que mundo pequeno! – ¡El mundo es un pañuelo!

Que vergonha! – ¡Qué vergüenza!

Resumindo... – Resumiendo...

Sabe de uma coisa? – ¿Sabes una cosa?

Se eu estivesse na sua pele/no seu lugar... – Yo, en tu lugar...

Segura as pontas! – ¡Aguantame!

Sei lá! – ¡Qué sé yo!

Sem desculpas! – ¡No quiero explicaciones!

Sem dúvida! – ¡Sin lugar a dudas!

Sem ressentimentos. – No guardo rencor.

Sério? – ¿De veras?

Sinta-se em casa! – ¡Siéntete como en tu casa! (tú); ¡Siéntase como en su casa! (Usted)

Sirva-se! – ¡Sírvete! (tú); ¡Sírvase! (usted)

Some daqui! – ¡Vete!

Só por cima do meu cadáver! – ¡Solo si pasan sobre mi cadáver!

Sorte sua! – ¡Qué suerte tienes!

Tanto faz! – ¡Me da igual!

Te vejo por aí! – ¡Nos vemos!

Tô brincando! – ¡Es un chiste/una broma!

Todo cuidado é pouco! – ¡Todo cuidado es poco!

Vá com calma! – ¡Tómatelo con calma! (tú); ¡Tómeselo con calma! (usted)

Vai dar tudo certo! – ¡Todo saldrá bien!

Vai te fazer bem! – ¡Te hará bien!

Vale a pena! – ¡Vale la pena!

Vamos entrando! – ¡Pasa! (tú); ¡Pase! (usted); ¡Pasen! (ustedes)

Você é quem manda! – ¡Tú mandas!

Você é quem sabe! – ¿Tú decides!

Você está falando sério? – ¿Lo dices en serio?
Você tem fogo? – ¿Tienes fuego?
Vivendo e aprendendo! – Más se vive, más se aprende.

VOCABULÁRIO 27: VOCABULÁRIO COMERCIAL
VOCABULARIO 27: VOCABULARIO DE NEGOCIOS

O objetivo desta seção é apresentar o vocabulário específico da linguagem comercial utilizado em diversos setores do mundo dos negócios. Aqui você encontrará termos empregados em marketing, importação e exportação, propaganda, finanças e outros.

Não deixe de consultar também as seguintes seções de Vocabulário ativo:

» Trabalho e carreira, p. 88

» Uma reunião de negócios, p. 92

» O dinheiro movimenta o mundo, p. 99

» Usando computadores, p. 121 (inclui diversos termos atuais sobre tecnologia da informação)

Abono: **bonificación/gratificación**
Abordagem: **enfoque**
Acionista: **accionista**
Ações: **acciones**
Acordo: **acuerdo**
Aduana: **aduana**
Agência de publicidade: **agencia de publicidad**
Agenda: **agenda**
Agiota: **prestamista**
Alfândega: **aduana**
Alta: **alta**
Amostra: **muestra**
Anunciar: **anunciar**
Anúncio: **anuncio**
Aplicar dinheiro: **invertir dinero**
Apólice de seguros: **póliza de seguros**
Aposentar-se: **jubilarse**
Aposentado: **jubilado**
O mais breve possível: **lo antes posible**
.Atas de uma reunião: **actas de una reunión**
Atender a uma demanda: **satisfacer la demanda**
Atingir o ponto de equilíbrio: **alcanzar el punto de equilibrio**
Atividade principal de uma empresa: **actividad principal**
Ativos e passivos: **activo y pasivo**
Auditor: **auditor**
Auditoria: **auditoría**
Aumentar: **aumentar**

Aumentar o preço: **aumentar el precio**
Aumento de preços: **aumento de precios**
Avaliação: **evaluación**
Avalista: **garante**
Balancete: **balance**
Balanço: **balance**
Balanço comercial: **balance comercial**
Benefícios: **compensaciones/retribuciones adicionales**
Bolsa de valores: **bolsa de valores**
Bonificação: **bonificación/gratificación**
Campanha de publicidade: **campaña de publicidad**
Candidato: **postulante**
Candidatar-se a um emprego: **postularse a un cargo**
Capital de giro: **capital circulante**
Carro da empresa: **auto de la compañía**
Cédula: **billete**
Comprador: **comprador**
Compromisso: **compromiso**
Conciliação: **acuerdo**
Concorrente: **competidor**
Concorrência: **competencia**
Conta: **cuenta**
Contador: **contador**
Contas a pagar: **cuentas a pagar**
Contas a receber: **cuentas a cobrar**
Contratar: **contratar**
Contrato: **contrato**
Corretor: **corredor/comisionista de la Bolsa**
Corretor de seguros: **corredor de seguros**
Crescimento rápido: **crecimiento rápido**
Cumprir um prazo: **cumplir un plazo**
Currículo: **currículo**
Custo de vida: **costo de vida**
Dar aviso prévio: **dar preaviso**
Data de vencimento: **fecha de vencimiento**
Demitir: **despedir/echar**
Desenvolver-se rapidamente: **desarrollarse rápidamente**
Desvalorização: **devaluación**
Dinheiro: **dinero**
Dinheiro em espécie: **dinero en efectivo**
Diretoria: **directorio/junta de directores**
Discriminação de itens: **discriminación de ítems**

Emprego em meio período: **empleo de/a tiempo parcial**
Emprego em tempo integral: **empleo de/a tiempo completo**
Empresa iniciante: **compañía que recién empieza sus operaciones**
Empréstimo bancário: **préstamo bancario**
Entrada: **seña**
Escritório central: **casa matriz/sede central**
Especialidade: **especialidad**
Expansão econômica: **expansión económica**
Extrato bancário: **extracto de cuenta**
Fabricante: **fabricante**
Fabricar: **fabricar**
Fatura: **factura**
Fazer publicidade: **hacer publicidad**
Fechar um negócio: **cerrar un negocio**
Fiador: **garante**
Filial: **sucursal**
Fluxo de caixa: **flujo de caja/flujo de fondos**
Fornecedor: **proveedor**
Franqueado: **licenciatario**
Franqueador: **licenciante**
Franquia: **franquicia**
Frete: **flete**
Frete aéreo: **flete aéreo**
Funcionário: **empleado**
Fusão: **fusión**
Hipoteca: **hipoteca**
Hora marcada: **cita**
Horário comercial: **horario comercial**
Importância: **importancia**
Imposto: **impuesto/arancel (aduanero)**
Instalações comerciais: **instalaciones comerciales**
Instruções: **instrucciones**
Investir: **invertir**
Isento de impostos aduaneiros: **libre de impuestos aduaneros**
Laudo de avaliação: **laudo de evaluación**
Licença-maternidade: **licencia/baja por maternidad**
Licitação: **licitación**
Linha de montagem: **cadena de montaje**
Lista de tópicos que serão discutidos: **orden del día**
Logotipo: **logotipo**
Lucro: **ganancia**
Mão-de-obra: **mano de obra**

Margem de lucro: **margen de ganancia**
Matéria-prima: **materia prima**
Matriz: **sede/matriz**
Melhor indicador: **punto de referencia**
Mercado de ações: **mercado de acciones**
Mercadoria: **mercadería**
Moeda corrente: **moneda/divisa**
Nicho de mercado: **nicho de mercado**
Nota: **billete**
Número de identificação pessoal: **número de identificación personal**
Oportunidades de promoção: **oportunidades de ascensión**
Orçamento: **presupuesto**
Organização não governamental (ONG): **organización no gubernamental**
Organização sem fins lucrativos: **organización sin fines de lucro**
Pagamento inicial: **seña/pago inicial**
Participação no mercado: **participación en el mercado**
Peso bruto: **peso bruto**
Peso líquido: **peso neto**
Pessoa viciada em trabalho (workaholic): **persona adicta al trabajo**
Plano de carreira: **plan de carrera**
Plano de pensão: **plan de jubilación**
Ponto de equilíbrio: **punto de inflexión/punto de equilibrio**
Ponto de referência: **punto de referencia**
Preço de custo: **precio de costo**
Prestações: **cuotas**
Produto básico, primário: **producto básico**
Produto Interno Bruto (PIB): **Producto Bruto Interno (PBI)**
Propaganda: **propaganda**
Prosperar: **prosperar**
Publicidade: **publicidad**
Quantia de dinheiro: **suma de dinero**
Quebra de contrato: **incumplimiento de contrato**
Recolocação de executivos: **recolocación de ejecutivos**
Relação custo-benefício: **relación costo beneficio**
Rescisão de contrato: **rescisión de contrato**
Resumo: **resumen**
Saldo bancário: **saldo**
Seguro médico: **seguro médico**
Sinal: **señal**
Sindicato: **sindicato**
Superlotação (avião, trem etc.): **exceso de reservas**
Tarifas de frete: **tarifa de flete**

Taxa: **tasa/arancel**
Taxa de juros: **tasa de interés**
Tendências do mercado: **tendencias del mercado**
Valor agregado: **valor agregado**
Zona de livre comércio: **zona franca**

III. GUIA DE REFERÊNCIA GRAMATICAL
GUÍA DE REFERENCIA GRAMATICAL

III. GUIA DE REFERÊNCIA GRAMATICAL
GUÍA DE REFERENCIA GRAMATICAL

O objetivo desta seção é apresentar um panorama da estrutura da língua espanhola e servir de apoio e referência a todas as frases e diálogos apresentados no livro.

O conteúdo desta seção também será útil para você compreender melhor (e relembrar) conceitos fundamentais do idioma - como as formas de tratamento formal e informal, o uso de pronomes e a conjugação de verbos regulares e irregulares - e esclarecer dúvidas relativas aos principais aspectos gramaticais do idioma.

Lembre-se que a estrutura gramatical de qualquer língua é o esqueleto que sustenta todas as frases e diálogos no idioma, daí a importância dos quadros esquemáticos aqui apresentados.

Índice de assuntos do Guia de referência gramatical

1 - Artigos definidos e indefinidos, p. 179
2 - Palavras heterogenéricas, p. 181
3 - O artigo neutro **lo**, p. 182
4 - Pronomes pessoais sujeito e verbos regulares em Presente, p. 184
5 - Formas de tratamento (**tú** x **usted**), p. 185
6 - Uso dos pronomes possessivos, p. 187
7 - Verbos irregulares em Presente de Indicativo, Presente de Subjuntivo e Imperativo, p. 188
8 - Verbos pronominais que descrevem rotinas, p. 193
9 - Verbos como **gustar** (**doler, parecer, quedar, encantar**), p. 194
10 - Uso dos pronomes de Objeto Direto e Indireto, p. 195
11 - Orações interrogativas e exclamativas, p. 197
12 - O Futuro do Indicativo e a forma ir a + infinitivo, p. 199
13 - **Pretérito Indefinido**, p. 201
14 - O **Pretérito Perfecto** e o particípio passado, p. 204
15 - O **Pretérito Imperfecto**, p. 206
16 - O **Pretérito Pluscuamperfecto**, p. 207
17 - Usos de **haber** x **tener**, p. 208
18 - Usos de **decir** x **hablar**, p. 210
19 - **Mientras (tanto)** x **en cuanto** x **apenas** x **no bien** x **todavía**, p. 211
20 - Forma e uso do Imperativo, p. 212

1. Artigos definidos e indefinidos

Os artigos definidos e indefinidos sempre estão seguidos de um substantivo com o qual concordam em gênero e número.

	ARTIGOS DEFINIDOS		ARTIGOS INDEFINIDOS	
	MASCULINO	FEMININO	MASCULINO	FEMININO
SINGULAR	el	la	un	una
Plural	los	las	unos	unas

Observação: antes dos nomes de pessoas não se utilizam artigos.

Artigos definidos e indefinidos: Exemplos de uso em frases contextualizadas

Felipe trabajaba en el Banco de la Nación antes de jubilarse.
Felipe trabalhava no Banco de la Nación antes de se aposentar.

Trabajo en un banco.
Eu trabalho num banco.

Todos los vuelos fueron cancelados.
Todos os vôos foram cancelados.

Dijeron que un vuelo ha sido cancelado, pero no entendí cuál.
Falaram que um vôo tinha sido cancelado, mas não entendi qual.

Todos los amigos de Jimena son muy simpáticos.
Todos os amigos de Jimena são muito simpáticos.

Rosario va a salir con unos amigos.
Rosario vai sair com uns amigos.

Las sandalias que se compró Manuela el año pasado están como nuevas.
As sandálias que Manuela comprou no ano passado estão como novas.

Ayer vi en el Corte Inglés unas sandalias lindísimas.
Ontem eu vi no Corte Inglés umas sandálias belíssimas.

En el viaje Jorge conoció a una chica chilena y se van a casar.
Na viagem Jorge conheceu uma moça do Chile e vão se casar.

La chica que estaba con Jorge es su novia.
A moça que estava com Jorge é a namorada dele.

2. Palavras heterogenéricas

São palavras que tem a mesma forma e significado em português e em espanhol, mas não levam o mesmo artigo.

el aguardiente = a aguardente
el equipo = a equipe
la alarma = o alarme
el fraude = a fraude
el análisis = a análise
la leche = o leite
el árbol = a árvore
la masacre = o massacre
la cárcel = o cárcere
la miel = o mel
el cólico = a cólica
la nariz = o nariz
el color = a cor
el origen = a origem
la computadora = o computador
el puente = a ponte
la crema = o creme
la radio (o aparelho) = o rádio
el dolor = a dor
la sal = o sal
el énfasis = a ênfase
la sangre = o sangue

Palavras heterogenéricas: Exemplos de uso em frases contextualizadas

El aguardiente es una bebida destilada hecha a partir de vino, caña u otras sustancias.
A aguardemte é uma bebida destilada feita a partir de vinho, cana ou outras substâncias.

Los ladrones entraron porque la alarma estaba apagada.
Os ladrões entraram porque o alarme estava desligado.

El análisis de los datos tiene que estar listo mañana.
A análise dos dados tem que ficar pronta até amanhã.

Los árboles de esta plaza no se pueden cortar.
As árvores dessa praça não podem ser cortadas.

Domínguez pasó 2 años en la cárcel por un crimen que no cometió.
Domínguez passou dois anos no cárcere por um crime que não cometeu.

El color que más me gusta es el rojo.
A cor que eu mais gosto é a vermelha.

Quiero comprarme una computadora con más memoria.
Quero comprar um computador com mais memória.

La crema para las frutillas está en la heladera.
O creme para os morangos está na geladeira.

El dolor de muelas es insoportable.
A dor de dente é insuportável.

Su nuevo equipo de vendedores es excelente.
Sua nova equipe de vendedores é excelente.

La leche caliente me hace mal.
O leite quente me faz mal.

La miel de abejas es lo mejor que hay para la tos.
O mel de abelhas é a melhor coisa para a tosse.

Marianela está resfriada y se le tapa la nariz.
Marianela está resfriada e está com o nariz entupido.

No cruces el puente a pie, es peligroso.
Não atravesse a ponte a pé, é perigoso.

Pon la radio más bajo que los vecinos duermen.
Abaixe o som do rádio que os vizinhos estão dormindo.

3. O artigo neutro lo

O artigo neutro **lo** nunca é utilizado na frente de um substantivo e é invariável, ou seja não tem plural nem feminino. Ele aparece nas seguintes construções:

LO + ADJETIVO

Lo é utilizado para generalizar e é equivalente em português a **a coisa**.
lo malo = a coisa ruim
lo interesante = a coisa interessante

Exemplos de uso em frases contextualizadas

Lo malo fue que no lo echaran.
O lado/A coisa ruim foi que não mandaram ele embora.

Rodolfo siempre hace lo mismo: dice que viene y no aparece.
Rodolfo sempre faz a mesma coisa: diz que vem e depois não aparece.

Lo sorprendente es que a los 90 años siga siendo tan lúcido y creativo.
A coisa surpreendente é que aos 90 anos seja tão lúcido e criativo.

LO + ADJETIVO/ADVÉRBIO + QUE
Lo é utilizado para enfatizar.
iLo alta que está tu hija! = Como está alta a tua filha!

Exemplos de uso em frases contextualizadas

iVieras lo linda que quedó la casa de Raquel después de la reforma!
Você tem que ver como ficou bonita a casa da Raquel após a reforma!

iNo sabes lo caras que están las cosas en el supermercado!
Você nem imagina como estão caras as coisas no supermercado!

iSi supieras lo rápido que maneja no te subías al coche!
Se você soubesse como ele guia rápido, você não entrava no carro!

LO + MÁS + **ADJETIVO OU** LO + MEJOR/PEOR/PRINCIPAL/ÚNICO

Nesta construção, o adjetivo antecedido de **lo** adquire valor de superlativo absoluto.

Exemplos de uso em frases contextualizadas

Lo más interesante fue la conferencia del profesor Ugarte.
A coisa mais interessante foi a palestra do professor Ugarte.

Lo más importante es dormir bien antes de la prueba.
A coisa mais importante é dormir bem antes da prova.

Lo único que le pido es que pague puntualmente su deuda.
A única coisa que lhe peço é que pague pontualmente a sua dívida.

Lo mejor es tener una actitud positiva.
A melhor coisa é ter uma atitude positiva.

Lo peor es cuando te olvidas el nombre de la persona con la que estás hablando.
A pior coisa é quando você esquece do nome da pessoa com a qual você está falando.

LO + DE + **SUBSTANTIVO**

- Indica um assunto, um acontecimento
¿Sabés lo de Mónica?
Você sabe o que aconteceu com a Mónica?

- Também indica um espaço físico como casa ou consultório.
Cuando me llamaste estaba en lo de mi abuela.
Quando você ligou, eu estava na casa da minha avô.

Exemplos de uso em frases contextualizadas

Lo de la caída de las ventas lo tiene muy preocupado.
O assunto da queda das vendas tem deixado ele muito preocupado.

Lo del Primer Ministro causó mucho revuelo.
O assunto do primeiro-ministro causou muita agitação.

Lo del terremoto en China fue una calamidad.
A questão do terremoto na China foi uma calamidade.

4. Pronomes pessoais sujeito e verbos regulares em Presente

Pronomes Pessoais	Alquilar (alugar)	Comer (comer)	Vivir (viver)
(Yo)	alquilo	como	vivo
(Tú) [Informal]	alquilas	comes	vives
(Usted) [Formal]	alquila	come	vive
(Él/Ella)	alquila	come	vive
Nosotros/Nosotras	alquilamos	comemos	vivimos
Vosotros/Vosotras [Informal]	alquiláis	coméis	vivís
Ustedes [Formal]	alquilan	comen	viven
Ellos/Ellas	alquilan	comen	viven

Observação:
Os pronomes pessoais estão entre parênteses porque em espanhol eles se utilizam somente nos casos em que é preciso estabelecer contraste entre pessoas diferentes.

Exemplos de uso dos pronomes e verbos em frases contextualizadas

Pronomes pessoais: [yo; tú; usted; él; ella; nosotros(as); vosotros(as); ustedes; ellos(as)]
Verbos regulares: estudiar; vivir; alquilar; comer

Yo estudio biología y ella derecho.
Eu estudo biologia e ela direito.

(Tú) vives aquí cerca, ¿no?
Você mora aqui perto, não é verdade?

(Usted) vive aquí cerca, ¿no?
O(A) senhor(a) mora aqui perto, não é verdade?

Ellos siempre alquilan autos grandes, pero nosotros preferimos los económicos.
Eles(as) sempre alugam carros grandes, mas nós preferimos os econômicos .

¿(Vosotros) coméis (España)/(Ustedes) comen (América Latina) siempre en este restaurante?
Vocês sempre comem neste restaurante?

5. Formas de tratamento (tú x usted)

Observação:
a. Quando nos dirigimos a um único interlocutor em espanhol podemos fazê-lo informalmente (tú) ou formalmente (usted), dependendo do grau de intimidade, de diferenças de idade ou hierárquicas.
b. Quando nos dirigimos a mais de um interlocutor, na América latina se utiliza somente o pronome ustedes e não há distinção entre tratamento formal e informal. Na Espanha, no entanto, se usa vosotros no tratamento informal e ustedes no formal.

UM INTERLOCUTOR

Tratamento informal – TÚ	Tratamento Formal – USTED
¿Dónde vives (tú)?	¿Dónde vive (usted)?
Onde você mora?	Onde o senhor mora?
Si (tú) alquilas este coche, tienes derecho a seguro.	Si (usted) alquila este coche, tiene derecho a seguro.
Se você alugar esse carro, você tem direito a seguro.	Se o senhor alugar esse carro, o senhor tem direito a seguro.

MAIS DE UM INTERLOCUTOR

Tratamento informal	Tratamento Formal
VOSOTROS (Espanha)	USTEDES (América latina)
¿Dónde trabajáis (vosotros)? Onde vocês trabalham?	¿Dónde trabajan (ustedes)? Onde vocês trabalham?
¿Nunca cocináis (vosotros)? Vocês não cozinham nunca?	¿Nunca cocinan (ustedes)? Vocês não cozinham nunca?

Exemplos de uso em frases contextualizadas

¿(Usted) ya ha trabajado en el extranjero?
O senhor já trabalhou no exterior?

¿(Tú) ya has trabajado en el extranjero?
Você já trabalhou no exterior?

Por favor, tráigame (usted) la carpeta de pendencias.
Por favor, traga a pasta de pendências.

¿Puede (usted) explicarme qué pasó?
O senhor pode me explicar o que aconteceu?

¿Puedes explicarme (tú) qué pasó?
Você pode me explicar o que aconteceu?

¿Habéis leído (vosotros) el periódico de hoy?
Vocês leram o jornal de hoje?

¿Han leído (ustedes) el periódico de hoy?
Os senhores/Vocês leram o jornal de hoje?

6. Uso dos pronomes possessivos

Pronome pessoal sujeito	Pronome possessivo átono (SEMPRE SEGUIDO DE SUBSTANTIVO)	Pronome possessivo tônico (NUNCA VAI SEGUIDO DE SUBSTANTIVO)
Yo	mi* mis*	mía mío mías míos
Tú	tu* tus*	tuyo tuya tuyos tuyas
Él/ella Usted	su* sus*	suyo suya suyos suyas
Nosotros/Nosotras	nuestro nuestra nuestros nuestras	nuestro nuestra nuestros nuestras
Vosotros/Vosotras	vuestro vuestra vuestros vuestras	vuestro vuestra vuestros vuestras
Ellos/Ellas Ustedes	su sus	suyo suya suyo suyas

* Esses pronomes tem a mesma forma quando estão diante de um substantivo feminino ou masculino.

Pronomes Possessivos Átonos: Exemplos de uso em frases contextualizadas

Este es mi primer viaje al exterior y estoy realmente muy entusiasmado.
Esta é a minha primeira viagem ao exterior e eu estou realmente muito animado!

Es mi primera experiencia de trabajo.
É a minha primeira experiência de trabalho.

Ana, ¿cuál es tu teléfono?
Ana, qual é o seu telefone?

Nunca escribas tus contraseñas
Você não deve escrever as suas senhas.

Juan no encuentra su celular. ¿Lo has visto por aquí?
Juan não consegue encontrar o celular dele. Você o viu por aí?

Karina es famosa por su habilidad para aprender lenguas.
Karina é famosa pela sua habilidade em aprender línguas.

Nuestros productos tienen muy buena aceptación.
Nossos produtos tem uma aceitação muito boa.

Nuestras abuelas se conocen desde niñas.
As nossas avós se conhecem desde crianças

Después de leer vuestros informes, puedo decir que nuestra compañía es un éxito.
Após ler os relatórios de vocês, posso dizer que a nossa empresa é um sucesso.

Los Redonditos acaban de lanzar un nuevo CD. ¿Ya has escuchado alguna de sus canciones nuevas?
Los Redonditos acabaram de lançar um novo CD. Você já ouviu alguma das músicas novas deles?

Pronomes Possessivos Tônicos: Exemplos de uso em frases contextualizadas

Este bolígrafo no es de Sebastián, ¡es mío!
Esta caneta não é do Sebastián. É minha!

Mi moto está estacionada allí. ¿Dónde está la tuya?
Minha moto está estacionada ali. Onde está a sua?

Sr. Juárez, ¿este maletín es suyo?
Sr Juarez, essa pasta é do senhor?

Betina localizó inmediatamente su valija, pero Ester no encontró la suya.
Betina localizou imediatamente a sua mala, mas Ester não achou a dela.

¿Esos abrigos no son los nuestros?
Esses casacos não são os nossos?

7. Verbos irregulares em Presente de Indicativo, Presente de Subjuntivo e Imperativo

Nesta seção se apresentam os verbos agrupados de acordo com o tipo de irregularidade que apresentam. Essas irregularidades se manifestam somente no Presente de Indicativo, no Presente do Subjuntivo e no Imperativo.

A. e>ie
empezar (começar)

Pronomes Pessoais	Presente de Indicativo	Presente de Subjuntivo	Imperativo
(Yo)	empiezo	empiece	
(Tú) [Informal]	empiezas	empieces	empieza
(Usted) [Formal]	empieza	empiece	empiece
(Él/Ella)	empieza	empiece	
Nosotros/Nosotras	empezamos	empecemos	empecemos
Vosotros/Vosotras [Informal]	empezáis	empecéis	empezad
Ustedes [Formal]	empiezan	empiecen	empiecen
Ellos/Ellas	empiezan	empiecen	

Outros verbos que apresentam a mesma irregularidade:

advertir	perceber	apretar	apertar
atender	atender	atravesar	atravessar
calentar	esquentar	cerrar	fechar
comenzar	começar	concertar	marcar
confesar	confessar	convertir	converter
defender	defender	despertar(se)	acordar
digerir	digerir	divertir(se)	Divertir(-se)
encender	acender	entender	entender
extender	extender	herir	ferir
hervir	ferver	invertir	investir
mentir	mentir	negar	negar
pensar	pensar	perder	perder
preferir	preferir	querer	querer
sentar(se)	sentar(-se)	sentir(se)	sentir(-se)
sugerir	sugerir	temblar	tremer
tender	estender	transferir	transferir
tropezar	esbarrar		

B. o>ue
almorzar (almoçar)

Pronomes Pessoais	Presente de Indicativo	Presente de Subjuntivo	Imperativo
(Yo)	almuerzo	almuerzo	
(Tú) [Informal]	almuerzas	almuerces	almuerza
(Usted) [Formal]	almuerza	almuerces	almuerce
(Él/Ella)	almuerza	almuerce	
Nosotros/Nosotras	almorzamos	almorcemos	almorcemos
Vosotros/Vosotras [Informal]	almorzáis	almorcéis	almorzad
Ustedes [Formal]	almuerzan	almuercen	almuercen
Ellos/Ellas	almuerzan	almuercen	

Outros verbos que apresentam a mesma irregularidade:

acordar(se)	lembrar	acostar(se)	deitar(-se)
apostar	apostar	colgar	pendurar
comprobar	comprovar	contar	contar
desenvolver	desembrulhar	devolver	devolver
doler	doer	dormir	dormir
encontrar(se)	encontrar/achar(-se)	envolver	embrulhar
forzar	forçar	morder	morder
morrir	morrer	mostrar	mostrar
mover	mover	poder	poder
probar	experimentar	recordar	lembrar
resolver	solucionar	rodar	rodar
soler	acostumar	soltar	soltar
soñar	sonhar	volar	voar
volver	voltar		

C. e>i
pedir (pedir)

Pronomes Pessoais	Presente de Indicativo	Presente de Subjuntivo	Imperativo
(Yo)	pido	pida	
(Tú) [Informal]	pides	pidas	pide
(Usted) [Formal]	pide	pida	pida

Pronomes Pessoais	Presente de Indicativo	Presente de Subjuntivo	Imperativo
(Él/Ella)	pide	pida	
Nosotros/Nosotras	pedimos	pidamos	pidamos
Vosotros/Vosotras **[Informal]**	pedís	pidáis	pedid
Ustedes **[Formal]**	piden	pidan	pidan
Ellos/Ellas	piden	pidan	

Outros verbos que apresentam a mesma irregularidade:

competir	concorrer	**despedir**	despedir
impedir	impedir	**medir**	medir
rendir	render	**repetir**	repetir
servir	servir	**teñir**	tingir
vestir(se)	Vestir(-se)		

Pronomes Pessoais	Presente de Indicativo	Presente de Subjuntivo	Imperativo
(Yo)	juego	juegue	
(Tú) **[Informal]**	juegas	juegues	juega
(Usted) **[Formal]**	juega	juegue	juegue
(Él/Ella)	juega	juegue	
Nosotros/Nosotras	jugamos	juguemos	juguemos
Vosotros/Vosotras **[Informal]**	jugáis	juguéis	jugad
Ustedes **[Formal]**	juegan	jueguen	jueguen
Ellos/Ellas	juegan	jueguen	

E.c>zc (1ª persona singular)
parecer (parecer)

Pronomes Pessoais	Presente de Indicativo	Presente de Subjuntivo	Imperativo
(Yo)	parezco	parezca	
(Tú) **[Informal]**	pareces	parezcas	parece
(Usted) **[Formal]**	parece	parezca	parezca
(Él/Ella)	parece	parezca	

Pronomes Pessoais	Presente de Indicativo	Presente de Subjuntivo	Imperativo
Nosotros/Nosotras	parecemos	parezcamos	parezcamos
Vosotros/Vosotras [Informal]	parecéis	parezcáis	parezcáis
Ustedes [Formal]	parecen	parezcan	parezcan
Ellos/Ellas	parecen	parezcan	

Outros verbos que apresentam a mesma irregularidade:

abastecer	abastecer	agradecer	agradecer
amanecer	amanhecer	anochecer	anoitecer
aparecer	aparecer	conducir	conduzir
conocer	conhecer	crecer	crescer
deducir	deduzir	empobrecer	empobrecer
enriquecer	enriquecer	envejecer	envelhecer
establecer	estabelecer	fallecer	falecer
favorecer	favorecer	fortalecer	fortalecer
inducir	induzir	introducir	introduzir
merecer	merecer	nacer	nascer
obedecer	obedecer	ofrecer	oferecer
permanecer	permanecer	pertenecer	pertencer
producir	produzir	reducir	reduzir
rejuvenecer	rejuvenescer	seducir	seduzir
traducir	traduzir		

F. -y-
Excluir (excluir)

Pronomes Pessoais	Presente de Indicativo	Presente de Subjuntivo	Imperativo
(Yo)	excluyo	excluya	
(Tú) [Informal]	excluyes	excluyas	excluye
(Usted) [Formal]	excluye	excluya	excluya
(Él/Ella)	excluye	excluya	
Nosotros/Nosotras	excluimos	excluyamos	excluyamos
Vosotros/Vosotras [Informal]	excluís	excluyáis	excluid
Ustedes [Formal]	excluyen	excluyan	excluyan
Ellos/Ellas	excluyen	excluyan	

Outros verbos que apresentam a mesma irregularidade:

atribuir	atribuir	concluir	concluir
constituir	constituir	construir	construir
destituir	destituir	destruir	destruir
diluir	diluir	disminuir	diminuir
distribuir	distribuir	excluir	excluir
fluir	fluir	huir	fugir
incluir	incluir	instituir	instituir
instruir	instruir	intuir	pressentir
obstruir	bloquear	prostituir	prostituir
restituir	restituir	retribuir	retribuir
sustituir	substituir		

8. Verbos pronominais que descrevem rotinas

Quando descrevem uma ação de rotina como **levantarse**, **bañarse**, **maquillarse**, vão sempre acompanhados de um pronome átono (me, te, se, nos, os, se).

Pronomes Pessoais	Afeitar(se) (fazer a barba)	Despertar(se) (acordar)	Acostar(se) (deitar)
(Yo)	me afeito	me despierto	me acuesto
(Tú) [Informal]	te afeitas	te despiertas	te acuestas
(Usted) [Formal]	se afeita	se despierta	se acuesta
(Él/Ella)	se afeita	se despierta	se acuesta
Nosotros/Nosotras	nos afeitamos	nos despertamos	nos acostamos
Vosotros/Vosotras [Informal]	os afeitáis	os despertáis	os acostáis
Ustedes [Formal]	se afeitan	se despiertan	se acuestan
Ellos/Ellas	se afeitan	se despiertan	se acuestan

Verbos pronominais: Exemplos de uso em frases contextualizadas

Siempre me ducho antes de acostarme.
Eu sempre tomo um banho de chuveiro antes de deitar.

¿A qué hora te despiertas?
Que horas você acorda?

Juana nunca se maquilla los fines de semana.
Juana nunca usa maquilagem aos finais de semana.

Sr. Juárez, usted tiene la piel muy sensible y es mejor que no se afeite todos los días.
Sr. Juárez, o senhor tem a pele muito sensível e é melhor que o senhor não faça a barba todos os dias.
Los sábados mi marido y yo solemos acostarnos tarde.
Aos sábados eu e o meu marido costumamos nos deitar tarde.

Niños, lavaos bien las manos antes de comer.
Crianças, lavem bem as mãos antes de comer.

Chicos, levántense, es hora de ir al colegio.
Crianças, tem que levantar, é hora de ir ao colégio.

Míra esas chicas; parece que nunca se peinan.
Olha essas meninas; parece que nunca penteiam o cabelo.

9. Verbos como gustar (doler, parecer, quedar, encantar)

Veja no quadro abaixo como se utilizam os verbos do tipo de gostar. Na primeira coluna as formas aparecem entre parêntese, porque seu uso não é obrigatório. Observe que o verbo **gustar** é usado na 3ª pessoa do singular quando a coisa ou pessoa que causa a sensação é um substantivo singular ou um verbo, e na 3ª pessoa do plural quando a coisa ou pessoa que causa a sensação é um substantivo no plural.

(A mí)	me	gusta	este vestido.
¿(A ti)	te	gustan	los muebles que elegí?
¿(A usted)	le	gusta	la ópera?
(A él/ella)	le	gustan	las personas educadas.
(A nosotros/nosotras)	nos	gusta	viajar
(A vosotros/vosotras)	os	gusta	la comida china.
(A ustedes)	les	gustan	las actividades al aire libre
(A ellos/ellas)	les	gusta	beber vino

Verbos do tipo de gustar (doler, parecer, quedar, encantar): Exemplos de uso em frases contextualizadas

Me encantan las novelas de García Márquez.
Eu adoro os romances de García Márquez.

¿Qué tal me queda este vestido para la fiesta de Ramón?
O que você acha desse vestido para a festa do Ramón?

A Roberto le duele mucho la cabeza.
Roberto está com muita dor de cabeça.

A nosotros no nos gusta salir durante la semana, ¿y a ustedes?
Nos não gostamos de sair a noite durante a semana, e vocês?

¿Que os parecen estos cuadros que compramos ayer?
O que vocês acham desses quadros que compramos ontem?

A ustedes también les gustan los departamentos amplios, ¿no es cierto?
Vocês também gostam de apartamentos espaçosos, não é?

A las azafatas les queda muy bien el nuevo uniforme.
As aeromoças ficam muito bem com o novo uniforme.

10. Uso dos pronomes de Objeto Direto e Indireto

Pronome pessoal sujeito	Pronome de objeto direto (OD)	Pronome de objeto indireto (OI)
Yo	me	me
Tú	te	te
Él/ella Usted	lo/la	le
Nosotros/Nosotras	nos	nos
Vosotros/Vosotras	os	os
Ellos/Ellas Ustedes	los/las	les

Pronomes de OD (me, te, la/lo, nos, os, los/las)

Os pronomes de OD vão antes do verbo quando este está conjugado (lo vi = o vi, las tiene = as tem), ou unido ao verbo no Imperativo afirmativo (ponme = ponha-me), no Gerúndio (llevándote = levando você) e no Infinitivo (admitirlo = admiti-lo). Os pronomes de 3ª pessoa (lo/la/los/las) podem substituir tanto substantivos que indicam pessoas quanto substantivos que indicam coisas.

Pablo vino a saludarte. (te = a ti)
Pablo veio te cumprimentar.

A: ¿Compraste el libro que te pedí?/B: Sí, lo tengo en el auto. (lo = el libro)
A: Você comprou o livro que pedi?/B: Sim, tenho ele no carro.

A: Sra. Martín, ¿ya ha escrito la carta que le pedí?/B: No, aún no la he terminado. (la = carta)
A: Sra. Martín, a senhora já escreveu a carta que pedi?/B: Não, ainda não acabei.

A: ¿Has visto a Mauricio y a Sara?/B: Sí, los encontré en la entrada. (los = Mauricio y Sara)
B: Você viu o Mauricio e a Sara?/B: Sim, vi eles na entrada.

A: ¿Sabes dónde están las llaves del coche?/B: Sí, las vi sobre la mesa. (las = las llaves)
A: Você sabe onde estão as chaves do carro?/B: Sim, vi elas sobre a mesa.

En el hotel nos trataron muy bien. (nos = a nosotros)
No hotel fomos muito bem tratados.

Pronomes de OI

Os pronomes de OI vão antes do verbo quando este está conjugado (le ordeno = lhe ordeno, me dijo = me disse), ou unido ao verbo no Imperativo afirmativo (pídenos = peça-nos), no Gerúndio (comprándoles = comprando-lhes) e no Infinitivo (regalarte = dar de presente a você). Os pronomes de 3ª pessoa (le/les) podem substituir tanto substantivos que indicam pessoas quanto substantivos que indicam coisas.

Pronomes de OI (me, te, le, nos, os, les): Exemplos de uso em frases contextualizadas

Me pidieron un montón de documentos. (me = a mí)
Eles pediram um monte de documentos para mim.

¿Ya te conté que voy a viajar a México? (te = a ti)
Já contei para você que vou viajar para o México?

Le dije a mi jefa que quería aumento. (le = jefa)
Eu disse para o meu chefe que queria aumento.

Para comprar el departamento tuvieron que pedirles dinero a los padres de Magda. (les = padres de Magda)
Para comprar o apartamento eles tiveram que pedir dinheiro aos pais de Magda.

Ponle más sal a la comida, por favor. (le = comida)
Põe mais sal na comida, por favor.

Sácales las fundas a las almohadas porque las voy a lavar. (les = las almohadas)
Tira as fronhas dos travesseiros porque vou lavá-las.

No nos conviene pedir un préstamo al banco. (nos = a nosotros)
Para nós, não é conveniente pedir um empréstimo no banco.

Pronomes de OD + OI: Exemplos de uso em frases contextualizadas

Os pronomes de OD e de OI podem aparecer juntos e nesses casos o pronome de OI sempre antecede o pronome de OD. Os pronomes de OI **le/les** se transformam em **se** quando antecedem um pronome de OD.

A: ¿Ya te conté que Maitena se va a casar?/B: Sí, me lo dijiste ayer. (me = a mí; lo = Maitena se va a casar)
A: Já te contei que a Maitena vai casar?/B: Sim, você falou ontem.

A: ¿Cuándo me vas a entregar la nueva campaña publicitaria?/B: Mañana mismo te la dejo sobre tu escritorio. (te = a ti; la = la nueva campaña publicitaria)
A: Quando você vai me entregar a nova campanha publicitária?/B: Amanhã mesmo a deixo na tua mesa.

A: Pedro, ¿ya le escribiste la tarjeta a mamá?/B: Sí, ya la escribí y se la mandé. (la = la tarjeta; se = le = a mamá)
A: Pedro, você já escreveu o cartão para a mamãe?/B: Sim, escrevi e já mandei para ela.

A: Tengo que comprarle el regalo de cumpleaños a Joaquín./B: Yo ya se lo compré hace rato. (se = Joaquín; lo = el regalo)
A: Tenho que comprar o presente para o Joaquín./B: Eu já o comprei faz tempo.

11. Orações interrogativas e exclamativas
Os pronomes interrogativos e exclamativos são:

qué	cuál	cómo	quién
cuándo	dónde	cuánto (a/os/as)	por qué

Os pronomes interrogativos e exclamativos sempre levam acento. As orações interrogativas e exclamativas levam sinais de interrogação e exclamação invertidos no começo da sentença.

¿Cómo te llamas?
Como você se chama?

¡Qué lindo vestido!
Como é lindo o seu vestido!

Neste tipo de orações o sujeito está sempre após o verbo:

¿Cuántos años tiene (él/ella)?
Quantos anos ele tem?

¿Cómo se llama (él/ella)?
Como ele/ela se chama?

Orações interrogativas e exclamativas: Exemplos de uso em frases contextualizadas

¿Dónde vive usted?
Onde o senhor mora?

¡Qué buenas son las presentaciones de ese vendedor!
Como são boas as apresentações desse vendedor!

¿Qué hora es?
Que horas são?

¿Cuánto cuesta esta falda?
Quanto custa esta saia?

¿Por qué no consultas a un especialista?
Por que você não consulta um especialista?

¿Cuándo empiezan tus vacaciones?
Quando começam as suas férias?

¿Cuántos hermanos tienes (tú)?
Quantos irmãos você tem?

¿Quién es ese tipo tan guapo?
Quem é esse bonitão?

12. O Futuro do Indicativo e a forma ir a + infinitivo

Os quadros abaixo mostram a conjugação dos verbos regulares e irregulares em Futuro de Indicativo.

FUTURO DE INDICATIVO – VERBOS REGULARES

Pronomes Pessoais	Verbos em -ar Caminar (caminhar)	Verbos em -er Ofrecer (oferecer)	Verbos em -ir Pedir (pedir)
(Yo)	caminaré	ofreceré	pediré
(Tú) [Informal]	caminarás	ofrecerá	Pedirás
(Usted) [Formal]	caminará	ofrecerás	pedirá
(Él/Ella)	caminará	ofrecerá	pedirá
Nosotros/Nosotras	caminaremos	ofreceremos	pediremos
Vosotros/Vosotras [Informal]	caminaréis	ofreceréis	pediréis
Ustedes [Formal]	caminarán	ofrecerán	pedirán
Ellos/Ellas	caminarán	ofrecerán	pedirán

FUTURO DE INDICATIVO – VERBOS IRREGULARES I

Hacer (fazer)	Decir (dizer)	Poner (por)	Poder (poder)	Saber (saber)	Tener (ter)
haré	diré	pondré	podré	sabré	tendré
harás	dirás	pondrás	podrás	sabrás	tendrás
hará	dirá	pondrá	podrá	sabrá	tendrá
hará	dirá	pondrá	podrá	sabrá	tendrá
haremos	diremos	pondremos	podremos	sabremos	tendremos
haréis	diréis	pondréis	podréis	sabréis	tendréis
harán	dirán	pondrán	podrán	sabrán	tendrán
harán	dirán	pondrán	podrán	sabrán	tendrán

FUTURO DE INDICATIVO – VERBOS IRREGULARES II

querer (querer)	haber (haver)	venir (vir)	salir (sair)	valer (valer)	caber (caber)
querré	habrá	vendré	saldrá	valdrá	cabrá
querrás	habrás	vendrás	saldrás	valdrás	cabrás
querrá	habrá	vendrá	saldrá	valdrá	cabrá
querrá	habrá	vendrá	saldrá	valdrá	cabrá

querremos	habremos	vendremos	saldremos	valdremos	cabremos
querréis	habréis	vendréis	saldréis	valdréis	cabréis
querrán	habrán	vendrán	saldrán	valdrán	cabrán
querrán	habrán	vendrán	saldrán	valdrán	cabrán

Para falar do futuro também é possível utilizar a forma ir a + infinitivo. Veja o quadro:

(Yo)	voy		
(Tú) [Informal]	vas		
(Usted) [Formal]	va		
(Él/Ella)	va		comer
Nosotros/Nosotras	vamos	a	bailar
Vosotros/Vosotras [Informal]	vais		salir
Ustedes [Formal]	van		
Ellos/Ellas	van		

O Futuro do Indicativo e a forma ir a + infinitivo: Exemplos de uso em frases contextualizadas

Voy a comprarme un auto.
Vou comprar um carro.

Mañana terminaré lo que no he podido hacer hoy.
Amanhã acabarei o que não consegui fazer hoje.

¿Qué vas a hacer mañana?
O que você vai fazer amanhã.

Con paciencia seguro encontrarás lo que buscas.
Com paciência certamente você encontrará o que procura.

Javier va a viajar a Madrid por negocios.
Javier vai viajar para Madrid a negócios.

Si Julio quiere un aumento tendrá que trabajar más.
Se Julio quiser um aumento ele terá que trabalhar mais.

No vamos a alquilar ese departamento porque es muy chico.
Nós não vamos alugar esse apartamento porque é muito pequeno.

Tendremos que nos arreglar con menos.
Vamos ter que nos virar com menos.

¿Cuánto tiempo va a permanecer usted en el país?
Quanto tempo o senhor vai ficar no país?

Los obreros no están satisfechos y van a hacer huelga.
Os operários não estão satisfeitos e vão fazer greve.

Los participantes serán agasajados con una cena.
Os participantes serão acolhidos com um jantar.

13. Pretérito Indefinido

É o tempo verbal que se utiliza para falar de fatos pontuais que ocorrem num momento específico do passado.
Para falar desses momentos específicos do passado são utilizadas as expressões de tempo indicadas no quadro.

EXPRESSÕES DE TEMPO COM PRETÉRITO INDEFINIDO

Ayer	Ontem
Hace mucho tiempo	Faz muito tempo
Hace 5 minutos/días/meses/años	Faz 5 minutos/dias/meses/anos
La semana pasada	A semana passada
El mes pasado	O mês passado
El año pasado	O ano passado
El otoño pasado	O outono passado
En 1998	Em 1998

Nos quadros abaixo se apresenta as conjugação dos verbos regulares e alguns irregulares de uso freqüente.

PRETÉRITO INDEFINIDO – VERBOS REGULARES

Pronomes Pessoais	Trabajar (trabalhar)	Nacer (nascer)	Vivir (viver)
(Yo)	trabajé	nací	viví
(Tú) [Informal]	trabajaste	naciste	viviste

(Usted) [Formal]	trabajó	nació	vivió
(Él/Ella)	trabajó	nació	vivió
Nosotros/Nosotras	trabajamos	nacimos	vivimos
Vosotros/Vosotras [Informal]	trabajasteis	nacisteis	vivisteis
Ustedes [Formal]	trabajaron	nacieron	vivieron
Ellos/Ellas	trabajaron	nacieron	vivieron

PRETÉRITO INDEFINIDO – VERBOS IRREGULARES

Hacer (fazer)	Querer (querer)	Decir (dizer)	Poner (pôr)	Poder (poder)
hice	quise	dije	puse	pude
hiciste	quisiste	dijiste	pusiste	pudiste
hizo	quiso	dijo	puso	pudo
hizo	quiso	dijo	puso	pudo
hicimos	quisimos	dijimos	pusimos	pudimos
hicisteis	quisisteis	dijisteis	pusisteis	pudisteis
hicieron	quisieron	dijeron	pusieron	pudieron
hicieron	quisieron	dijeron	pusieron	pudieron

Estar (estar)	Tener (ter)	Venir (vir)	Traer (trazer)
estuve	tuve	vine	traje
estuviste	tuviste	viniste	trajiste
estuvo	tuvo	vino	trajo
estuvo	tuvo	vino	trajo
estuvimos	tuvimos	vinimos	trajimos
estuvisteis	tuvisteis	vinisteis	trajisteis
estuvieron	tuvieron	vinieron	trajeron
estuvieron	tuvieron	vinieron	trajeron

PRETÉRITO INDEFINIDO – VERBOS IRREGULARES TERMINADOS EM -DUCIR

Pronomes Pessoais	Traducir (traduzir)	Outros verbos com a mesma irregularidade
(Yo)	traduje	**conducir** = conduzir
(Tú) [Informal]	tradujiste	**deducir** = deduzir
(Usted) [Formal]	tradujo	**inducir** = induzir

(Él/Ella)	tradujo	**introducir** = introduzir
Nosotros/Nosotras	tradujimos	**producir** = produzir
Vosotros/Vosotras **[Informal]**	tradujisteis	**reducir** = reduzir
Ustedes **[Formal]**	tradujeron	**seducir** = seduzir
Ellos/Ellas	tradujeron	

PRETÉRITO INDEFINIDO – VERBOS IRREGULARES NA 3ª PESSOA SINGULAR E PLURAL

Pronomes Pessoais	e>i medir (medir)	o>u dormir (dormir)	i>y leer (ler)
(Yo)	medí	dormí	leí
(Tú) **[Informal]**	mediste	dormiste	leíste
(Usted) **[Formal]**	midió	durmió	leyó
(Él/Ella)	midió	durmió	leyó
Nosotros/Nosotras	medimos	dormimos	leímos
Vosotros/Vosotras **[Informal]**	medisteis	dormisteis	leísteis
Ustedes **[Formal]**	midieron	durmieron	leyeron
Ellos/Ellas	midieron	durmieron	leyeron

Outros verbos com esse tipo de irregularidade

E > I	**mentir** = mentir **pedir** = pedir **sentir** = sentir	**competir** = competir **preferir** = preferir **vestir** = vestir	**elegir** = escolher **seguir** = seguir **reír** = rir
O > U	**morir** = morrer		
I > Y	**Atribuir** = atribuir **contribuir** = contribuir **destituir** = destituir **disminuir** = diminuir **fluir** = fluir **instruir** = instruir **oír** = ouvir **sustituir** = substituir	**caer** = cair **constituir** = constituir **destruir** = destruir **distribuir** = distribuir **huir** = fugir **intuir** = intuir **recaer** = recair	**concluir** = concluir **construir** = construir **diluir** = diluir **excluir** = excluir **incluir** = incluir **obstruir** = obstruir **retribuir** = retribuir

Pretérito Indefinido: Exemplos de uso em frases contextualizadas

Ayer tuve mi primera entrevista de trabajo.
Ontem eu tive a minha primeira entrevista de trabalho.

¿Pudiste hablar el lunes con tu novio?
Você conseguiu falar com o seu namorado na segunda?

La semana pasada Adrián no tuvo tiempo de pasar por el banco.
Na semana passada Adrian não teve tempo de passar no banco.

El fin de semana passado pedimos una pizza de queso y nos sirvieron una de cebolla.
No último final de semana pedimos uma pizza de queijo e serviram uma de cebola.

¿ Esa película no la vieron la semana pasada?
Vocês não viram esse filme na semana passada?

¿Enviasteis ayer todas las invitaciones para la boda?
Vocês enviaram ontem todos os convites para o casamento?

14. O Pretérito Perfecto e o particípio passado

Este tempo verbal é utilizado para expressar acontecimentos passados que já finalizaram, mas que aconteceram num tempo que ainda não finalizou. Por isso, vai acompanhado freqüentemente por expressões de tempo como as apresentadas no quadro abaixo.

EXPRESSÕES DE TEMPO COM PRETÉRITO PERFECTO

hoy	hoje
esta mañana	hoje de manhã
esta semana/década	esta semana/década
este año	este ano
estas vacaciones	estas férias
ya	já
todavía	ainda
últimamente	ultimamente

O **Pretérito Perfecto** é um tempo verbal composto que se forma com o auxiliar haber (no presente) + o particípio passado do verbo principal, como se mostra no quadro abaixo.

(Yo)	he	
(Tú) [Informal]	has	
(Usted) [Formal]	ha	estudiado
(Él/Ella)	ha	comido
Nosotros/Nosotras	hemos	salido
Vosotros/Vosotras [Informal]	habéis	
Ustedes [Formal]	han	
Ellos/Ellas	han	

A seguir apresentamos a formação do particípio de verbos regulares e irregulares.

PARTICÍPIO PASSADO – VERBOS REGULARES

Verbos terminados em

-ar	mudar	»	mudado
-er	perder	»	perdido
-ir	seguir	»	seguido

PARTICÍPIO PASSADO – VERBOS IRREGULARES

abrir (abrir)	abierto
decir (dizer)	dicho
escribir (escrever)	escrito
hacer (fazer)	hecho
morir (morrer)	muerto
poner (pôr)	puesto
pudrir (apodrecer)	podrido
romper (quebrar)	roto
ver (ver)	visto
volver (voltar)	vuelto

Pretérito perfecto: Exemplos de uso em frases contextualizadas

Esta semana he trabajado demasiado.
Esta semana eu trabalhei muito.

¿Ya has almorzado?
Você já almoçou?

María ha roto 3 platos esta mañana.
María quebrou 3 pratos hoje de manhã.

¿Usted ya ha firmado los documentos?
O senhor já assinou todos os documentos?

Todavía no hemos acabado de arreglarnos para salir.
A gente ainda não se arrumou para sair.
» Veja "Guia de referência gramatical 19": p. 211

¿Qué habeis hecho estas vacaciones?
O que vocês fizeram nas férias?

Los gerentes aún no han finalizado el presupuesto de 2010.
Os gerentes ainda não finalizaram o orçamento de 2010.

15. O Pretérito Imperfecto

É o tempo verbal utilizado para falar de eventos passados e acabados que tiveram duração no tempo.

No quadro abaixo apresentamos a conjugação deste tempo verbal.

PRETÉRITO IMPERFECTO – VERBOS REGULARES

Pronomes Pessoais	Caminar (caminhar)	Saber (saber)	Cumplir (cumprir)
(Yo)	caminaba	sabía	cumplía
(Tú) [Informal]	caminabas	sabías	cumplías
(Usted) [Formal]	caminaba	sabía	cumplía
(Él/Ella)	caminaba	sabía	cumplía
Nosotros/Nosotras	caminábamos	sabíamos	cumplíamos
Vosotros/Vosotras [Informal]	caminabais	sabíais	cumplíais
Ustedes [Formal]	caminaban	sabían	cumplían
Ellos/Ellas	caminaban	sabían	cumplían

Há só três verbos irregulares em Pretérito Imperfecto.

PRETÉRITO IMPERFECTO - VERBOS IRREGULARES

Pronomes Pessoais	Ver (ver)	Ser (ser)	Ir (ir)
(Yo)	veía	era	iba
(Tú) [Informal]	veías	eras	ibas
(Usted) [Formal]	veía	era	iba
(Él/Ella)	veía	era	iba
Nosotros/Nosotras	veíamos	éramos	íbamos
Vosotros/Vosotras [Informal]	veíais	erais	ibais
Ustedes [Formal]	veían	eran	iban
Ellos/Ellas	veían	eran	iban

O Pretérito Imperfecto: Exemplos de uso em frases contextualizadas

Yo era muy tímida, pero el teatro me ayudó a cambiar.
Eu era muito tímida, mas o teatro me ajudou a mudar.

Cuando nos conocimos tú tenías mucho más pelo.
Quando a gente se conheceu você tinha muito mais cabelo.

¿Usted practicaba deportes de joven?
O senhor fazia esportes quando era jovem?

Juan no sabía que nos mudamos a una casa.
Juan não sabia que nós tínhamos mudado para uma casa.

Antes de tener hijos mi marido y yo viajábamos mucho.
Antes de termos filhos, eu e meu marido viajávamos muito.

¿Vosotros hablabais español con vuestros hijos?
Vocês falavam espanhol com os seus filhos?

La familia Ochoa tenía mucho dinero, pero no supieron administrarlo.
A família Ochoa tinha muito dinheiro, mas não souberam administrá-lo.

16. O Pretérito Pluscuamperfecto

O **Pretérito Pluscuamperfecto** é um tempo verbal composto que se forma com o auxiliar **haber** (no passado) + o particípio passado do verbo principal. É utilizado para falar de uma ação anterior a uma outra também passada.

(Yo)	había	
(Tú) [Informal]	habías	
(Usted) [Formal]	había	paseado
(Él/Ella)	había	corrido
Nosotros/Nosotras	habíamos	vivido
Vosotros/Vosotras [Informal]	habíais	
Ustedes [Formal]	habían	
Ellos/Ellas	habían	

O Pretérito Pluscuamperfecto: Exemplos de uso em frases contextualizadas

Ya me había acostado cuando tocó el teléfono.
Eu já tinha deitado quando tocou o telefone.

Tú te habías ido cuando Ramón llegó a la fiesta.
Você tinha ido embora quando Ramón chegou na festa.

Mariana supo que le habían aumentado el sueldo después de pedir la renuncia.
Mariana soube que tinham aumentado o seu salário após pedir a demissão.

Federico y yo habíamos quedado en viajar juntos, pero tuvimos que cancelar el viaje.
Federico e eu tínhamos combinado de viajarmos juntos, mas tivemos que cancelar a viagem.

¿Vosotros habíais comenzado a cenar antes de que llegara el invitado principal?
Vocês tinham começado a jantar antes que chegasse o convidado principal?

Como no habían tenido tiempo de ir al supermercado, salieron a comer fuera.
Como não tinham tido tempo de ir no supermercado, saíram para comer fora.

17. Usos de haber x tener

COMO VERBO AUXILIAR

Haber é o verbo auxiliar utilizado na formação de tempos verbais compostos.
» Veja "Guia de referência gramatical 11 e 12": pp. 197 e 199

Habíamos quedado en encontrarnos pero Rómulo no apareció. = Tínhamos marcado para nos encontrar mas Rómulo não apareceu.

Tener nunca é utilizado na formação de tempos verbais compostos.

¿Qué habrá pasado? = O que **terá** acontecido?

Nas perífrases que indicam obrigação

Hay que	
	+ INFINITIVO
Tener que	

Haber é um verbo impessoal é invariável que é utilizado somente na 3ª pessoa singular. Por esse motivo, a perífrase **hay que** + infinitivo expressa uma obrigação impessoal que não indica quem tem que fazer alguma coisa.

Hay que lavar los platos. = Tem que lavar a louça.

Tener é um verbo pessoal, ou seja, sempre está conjugado. Ele não tem forma impessoal. Por esse motivo, a perífrase **tener que** + infinitivo expressa uma obrigação pessoal que indica quem tem que fazer alguma coisa.

Tienes que lavar los platos. = **Você tem** que lavar a louça.

PARA INDICAR EXISTÊNCIA E POSSE

Haber indica existência.
Hay cosas de las que prefiero no hablar
Tem coisas das quais prefiro não falar.

Tener indica posse.
Juana tiene muchísimos libros en su casa.
Juana tem muitos livros na sua casa.

Haber e tener: Exemplos de uso em frases contextualizadas

¿Ya has decidido que vas a comer?
Você já decidiu o que vai comer?

Eran las 10 y el gerente todavía no había llegado.
Eram 10 horas e o gerente ainda não tinha chegado.

Como había sido reprobado en dos asignaturas no pudo postularse a la beca.
Como tinha sido reprovado em duas disciplinas ele não pode se candidatar à bolsa.

Joaquín tiene que esforzarse más si quiere entrar a la facultad.
Joaquín tem que se esforçar mais se quiser entrar na faculdade.

En verano hay que comer mucha fruta y verdura.
No verão tem que comer muita fruta e verdura.

Tendríamos que haber salido más temprano.
Nós teríamos de ter saído mais cedo.

Hoy hay que terminar los informes.
Hoje tem que terminar os relatórios.
No puedo acompañarlos porque tengo que estudiar.
Eu não posso acompanhar vocês porque tenho que estudar.

El edificio tiene gimnasio y piscina.
O prédio tem sala de fitness e piscina.

En el edificio hay gimnasio y piscina.
No prédio tem sala de fitness e piscina.

En España hay muy buenos hoteles.
Na Espanha há hotéis muito bons.

España tiene muy buenos hoteles.
A Espanha tem hotéis muito bons.

18. Usos de decir x hablar

O quadro abaixo apresenta as diferenças de significado e de uso dos verbos **decir** (dizer) e **hablar** (falar).

Decir Informar, relatar, opinar sobre alguma coisa.	Hablar Comunicar, conversar, fazer uso da palavra
Faz referência à mensagem, ao conteúdo (alguém **diz alguma coisa**)	Não faz referência à mensagem, ao conteúdo.

Marcela siempre dice la verdad =   **Alejandra habla sin parar. =**
Marcela sempre diz/fala a verdade.   Alejandra fala sem parar.

Decir e hablar: Exemplos de uso em frases contextualizadas

¿Qué le dijiste a Juan?
O que você disse ao Juan?

Le dije la verdad.
Eu lhe disse a verdade.

Hablas español muy bien. ¿Dónde lo aprendiste?
Você fala espanhol muito bem. Onde você aprendeu?

No me gusta cuando dicen malas palabras.
Não gosto quando falam palavrão.

Dicen que va a aumentar la gasolina.
Falam que a gasolina vai aumentar.

La gente dice muchas tonterías.
As pessoas falam muita bobagem.

Hablamos con el gerente y conseguimos un descuento.
Falamos com o gerente e conseguimos um desconto.

El presidente habló sobre el futuro del país.
O presidente falou sobre o futuro do país.

Los obreros dicen que van a hacer huelga.
Os operários dizem que vão fazer greve.

19. Mientras (tanto) x en cuanto x apenas x no bien x todavía

Mientras (tanto), en cuanto, apenas , no bien, todavía e **aún** são marcadores de tempo.
Mientras (enquanto) e **mientras tanto** (enquanto isso) relacionam dois acontecimentos que ocorrem ao mesmo tempo.

Me revienta que mire la televisión mientras yo le hablo = Odeio que ele olhe a televisão enquanto eu estou falando com ele.
Voy a bañarme. Mientras tanto puedes prepararme un trago = Eu vou tomar banho. Enquanto isso você pode me preparar um drink.

En cuanto, apenas e no bien (assim que) indicam que um acontecimento aconteceu imediatamente após um outro.

En cuanto/apenas/no bien termine de leer este documento me voy a casa. = Assim que eu acabar de ler esse documento eu vou embora para casa.

TODAVÍA E AÚN (AINDA) INDICAM A PERMANÊNCIA DE UM ACONTECIMENTO.

Todavía no hemos tenido tiempo de colgar los cuadros.= Ainda não tivemos tempo de pendurar os quadros.

Mientras x en cuanto x apenas x no bien: Exemplos de uso em frases contextualizadas

Mientras tú lavas los platos yo me ocupo de los niños.
Enquanto você lava a louça eu tomo conta das crianças.

A su padre le gustaba leer el diario mientras desayunaba.
Seu pai gostava de ler o jornal enquanto tomava o café-da-manhã.

Voy a hablar con el cliente. Mientras tanto prepara el pedido.
Eu vou falar com o cliente. Enquanto isso você prepara o pedido.

En cuanto recibas el documento tráemelo para que lo lea.
Assim que você receber o documento traga para eu ler.

Apenas terminó el doctorado se fue a Europa.
Assim que acabou o doutorado ele/ela foi para a Europa.

No bien llegó al aeropuerto se dio cuenta de que se había olvidado los documentos.
Assim que ele/ela chegou no aeroporto percebeu que tinha esquecido os documentos.

Todavía no hemos hecho una fiesta para festejar la mudanza.
Ainda não fizemos uma festa para comemorar a mudança.

Quédense un poco más, aún es temprano.
Fiquem mais um pouco, ainda é cedo.

20. Forma e uso do Imperativo

No Imperativo se mantém as mesmas irregularidades do Presente de Indicativo (**Veja as irregularidades no Guia de Referência Gramatical 7**).

O Imperativo negativo se forma com **no** + verbo no Presente de Subjuntivo (**Veja a conjugação dos verbos em Presente de Subjuntivo no Guia de Referência Gramatical 7**).

No quadro abaixo apresentamos a conjugação do Imperativo afirmativo e negativo.

	pensar (pensar)		comer (comer)	
	afirmativo	negativo	afirmativo	negativo
(tú)	piensa	no pienses	come	no comas
(usted)	piense	no piense	coma	no coma
(nosotros(as))	pensemos	no pensemos	comamos	no comamos
(vosotros(as))	pensad	no penséis	comed	no comáis
(ustedes)	piensen	no piensen	coman	no coman

	seguir (seguir)	
	afirmativo	negativo
(tú)	sigue	no sigas
(usted)	siga	no siga
(nosotros(as))	sigamos	no sigamos
(vosotros(as))	seguid	no sigáis
(ustedes)	sigan	no sigan

Alguns verbos apresentam irregularidades especiais no Imperativo. Veja o quadro abaixo:

IMPERATIVOS IRREGULARES

decir	hacer	ir	oír
di	haz	ve	oye
diga	haga	vaya	oiga
digamos	hagamos	vayamos	oigamos
decid	haced	comed	oid
digan	hagan	coman	oigan

poner	salir	tener	venir
pon	sal	ten	ven
ponga	salga	tenga	venga
pongamos	salgamos	tengamos	-
poned	salid	tened	venid
pongan	salgan	tengan	vengan

Utiliza-se o Imperativo para:

DAR CONSELHOS

Si quieres adelgazar come más fruta y menos chocolate.
Se você quiser emagrecer, você tem que comer mais fruta e menos chocolate.

FAZER PEDIDOS

Por favor, préstame tu bolígrafo.
Por favor, empresta a tua caneta.

DAR ORDENS

Pídele perdón a tu hermano inmediatamente.
Peça desculpas a seu irmão imediatamente.

DAR INSTRUÇÕES

Antes de encender la lavadora cierre la puerta.
Antes de ligar a máquina de lavar feche a porta.

Usos do Imperativo: Exemplos de uso em frases contextualizadas
» Veja colocação de pronomes no "Guia de referência gramatical 10": p. 195

Si tienes frío no te saques el pulóver.
Se você está com frio não tire a blusa.

Si quieres conquistarlo a Pablo arréglate un poco más.
Se você quer conquistar o Pablo, você tem que se arrumar mais.

Si no queréis que me enfade, llegad puntualmente mañana.
Se vocês não querem que eu fique brava, cheguem pontualmente amanhã.

Cierren los libros y los cuadernos.
Fechem os livros e os cadernos.

Por favor, atiende el teléfono.
Por favor, atenda o telefone.

¡No vuelvan tarde!
Não voltem tarde!

Camarero, por favor, tráigame una copa de vino.
Garçom, por favor, me traga uma taça de vinho.

Por favor, ordenad la cocina vosotros que yo tengo que terminar un trabajo.
Por favor, arrumem vocês a cozinha que eu tenho que acabar um trabalho.

Dime la verdad.
Fala a verdade para mim.

¡Cállese!
Cale a boca!

¡Abrid la puerta!
Abram a porta!

¡Salgan de aquí!
Saiam daqui!

Este plato es muy fácil de hacer: primero pela las manzanas y luego córtalas por la mitad.
É um prato muito fácil de preparar: primeiro você descasca as maçãs e depois as corta ao meio.

Siga las instrucciones del manual.
Siga as instruções do manual.

Para llegar al puerto caminen derecho dos cuadras y doblen a la izquierda en la avenida.
Para chegar no porto vocês caminham reto dois quarteirões e dobram à esquerda na avenida.

IV. GUIA DE DICAS CULTURAIS
GUÍA DE INFORMACIÓN CULTURAL

1: Formas de tratamento – **tú x usted** p. 17
2: Buenos Aires – **Buenos Aires** p. 31
3: Café-da-manhã – **Desayuno** p. 36
4: Falando ao telefone – **Locutorios** p. 41
5: Pequenas compras – **Maxiquioscos** p. 41
6: Arroz e feijão – **Arroz con frijoles** p. 58
7: Garfo livre – **Tenedor libre** p. 58
8: Churrasco – **El asado a la parrilla** p. 59
9: Chope – **Cómo pedir cerveza** p. 60
10: Cafezinho – **Cómo pedir café** p. 60
11: Gorjeta – **Propina** p. 61
12: Corrida – **Cooper** p. 72
13: Fora da cidade – **Las afueras** p. 80
14: Apartamento – **El piso** p. 80
15: Moeda corrente – **Moedas** p. 98
16: Dia dos Namorados – **Día del Amor** p. 101

V. GUIA DO VOCABULÁRIO ATIVO
GUÍA DE VOCABULARIO ACTIVO

Pegando um táxi – **Tomando un taxi** p. 32
Viagem aérea – **Viajes aéreos** p. 37
Roupas e calçados – **Ropa y calzado** p. 49
Hora de festejar! – **¡Vamos a celebrar!** p. 62
Férias – **Vacaciones** p. 64
De dieta – **Haciendo régimen** p. 69
Mantendo-se em forma – **Mantenerse en forma** p. 73
Lar doce lar – **Hogar dulce hogar** p. 76
Afazeres domésticos – **Tareas domésticas** p. 78
Trabalho e carreira – **Trabajo y carrera** p. 88
Uma reunião de negócios – **Una reunión de negocios** p. 92
Ligações telefônicas – **Llamadas telefónicas** p. 96
O dinheiro movimenta o mundo – **El dinero hacer girar el mundo** p. 99
Namorando – **Saliendo con alguien** p. 104
Romance e sexo – **Romance y sexo** p. 111
Usando computadores – **Usando computadoras** p. 121

VI. DIÁLOGOS TRADUZIDOS
DIÁLOGOS TRADUCIDOS

QUEBRANDO O GELO

Pablo: Está quente mesmo hoje!

Andrea: É verdade! Não estou acostumada com este tempo.

Pablo: Então você não é daqui, é?

Andrea: Não, eu sou de Bariloche. Lá é muito mais frio do que em Assunção, eu lhe garanto.

Pablo: Desculpe, eu não me apresentei. Meu nome é Pablo Hernández.

Andrea: Prazer em te conhecer Pablo! Meu nome é Andrea Pizi. Então você nasceu aqui em Assunção, não é?

Pablo: Não, na verdade eu nasci em Buenos Aires, mas cresci aqui. Minha família se mudou para o Paraguai quando eu tinha três anos.

Andrea: É a primeira vez que visito Assunção e achei a cidade muito mais bonita do que imaginava. E o que você faz?

Pablo: Eu trabalho com seguros.

» Veja a versão em espanhol desse diálogo na p. 13

ACHO QUE VOCÊ NÃO CONHECE MINHA AMIGA...

Bernardo: Ei Jorge, há quanto tempo a gente não se vê!

Jorge: Bernardo! Que bom ver você cara, e aí, o que está rolando?

Bernardo: Nada especial. Acho que você não conhece minha amiga Luisa, conhece?

Jorge: Não. Prazer em conhecer, Luisa!

Luisa: O prazer é meu!

Jorge: E você, estuda aqui no México?

Luisa: Eu? Não. Só estou visitando. Na verdade eu sou de Quito.

Jorge: Sério? Eu tenho uma tia que mora em Quito. Eu já estive lá uma vez.

Luisa: Já? Espero que tenha gostado.

Jorge: Gostei. É uma cidade muito legal.

Bernardo: Escuta Jorge, não quero interromper mas precisamos ir. Preciso voltar para casa para pegar alguns livros antes da próxima aula.

Jorge: Claro Bernardo! Eu também estou meio ocupado. Falo com vocês depois.

Liz: Foi ótimo conhecer você, Jorge.

Jorge: O prazer foi meu. Vejo vocês por aí. Cuidem-se.

» Veja a versão em espanhol desse diálogo na p. 14

FALANDO SOBRE O TEMPO

Raquel: Você ouviu a previsão do tempo para o fim de semana?

Patricia: Ouvi. O homem do tempo disse que o sábado vai ser ensolarado, mas que talvez chova um pouco no domingo.

Raquel: Eu odeio tempo chuvoso. Eu sempre me sinto um pouco deprimida quando chove.

Patricia: Eu sei o que você quer dizer. Então você prefere o verão, não é?

Raquel: Ah, sim. É a estação perfeita para mim. Você sabe, eu adoro atividades ao ar livre.

Patricia: E o que você está planejando fazer este fim de semana?

Raquel: Bom, talvez eu vá à praia.

» Veja a versão em espanhol desse diálogo na p. 21

FAZENDO RESERVA EM UM HOTEL

(Telefone tocando)

Recepção: Hotel Presidente, bom dia!

Victor: Eu gostaria de saber se vocês têm um quarto disponível para a semana do dia 15.

Recepção: Só um momento sr. Deixe-me checar as reservas. Sim, temos.

Victor: Que bom. Quanto é a diária para um casal?

Recepção: Seria US$ 95, com o café-da-manhã incluso, sr.

Victor: Ok. Eu queria reservar um quarto para três dias então, do dia quinze ao dezessete.

Recepção: Sim, sr. O sr. está vindo para o congresso ortopédico?

Victor: Não. Nossa filha mora aí em Buenos Aires. Vamos visitá-la.

Recepção: Muito bem, sr. Deixe-me preencher o formulário de reserva. Qual é o seu sobrenome, sr.?

Victor: Támez. Victor Támez.

Recepção: E...

» Veja a versão em espanhol desse diálogo na p. 25

FAZENDO O CHECK-IN NO AEROPORTO

Atendente de check-in: Sua passagem e os documentos, por favor.

Passageira: Pois não. (entregando a passagem e o passaporte para o atendente de check-in).

Atendente de check-in: A sra. gostaria do assento ao lado da janela ou do corredor?

Passageira: Do corredor, por favor. Eu normalmente preciso me levantar e esticar as pernas durante o vôo. E este é um vôo longo, não é?

Atendente de check-in: Com certeza. Ao lado do corredor, então.

Passageira: E vocês têm assentos para não fumantes, por favor?

Atendente de check-in: Não se preocupe. Agora não é mais permitido fumar em nossos vôos.

Passageira: Fico contente em saber disso!

Atendente de check-in: A sra. pode colocar a sua mala aqui, por favor?

Passageira: Claro. É só uma mala. Posso levar esta como bagagem de mão?

Atendente de check-in: Sim sra. A sra. pode colocá-la no compartimento superior do avião. Aqui está o seu cartão de embarque. A sra. vai embarcar no portão 12.

Passageira: Muito bem. Obrigada.

» Veja a versão em espanhol desse diálogo na p. 26

NO AVIÃO

"Bom dia a todos, aqui é o comandante falando. Em poucos minutos aterrissaremos no aeroporto internacional de Buenos Aires. A hora local é 7:14. O tempo está bom, está ensolarado, a temperatura é 20 graus Celsius. Espero que todos tenham tido um bom vôo e em nome da Aerolíneas Globales, gostaria de agradecer a todos novamente por voar conosco."
Nora: Estou realmente contente por aterrissar logo.
Fabián: Você tem medo de avião?
Nora: Bom, digamos que viajar de avião não é uma das minhas coisas favoritas.
Fabián: De onde você é?
Nora: Bogotá. E você?
Fabián: Brasil.
Nora: Sério? Eu sempre quis ir ao Brasil para passar o Carnaval. E as praias são maravilhosas, não são?
Fabián: São mesmo! É um ótimo lugar para passar férias. E você está vindo a Buenos Aires a negócios?
Nora: Não! Meu irmão mora aqui. Na verdade eu vim visitá-lo. Não o vejo há muito tempo...
» Veja a versão em espanhol desse diálogo na p. 28

PEGANDO UM TÁXI DO AEROPORTO PARA O HOTEL

Juan: Táxi!
Taxista: Oi! Deixe-me colocar sua bagagem no porta-malas.
Taxista: Para onde sr.?
Juan: Hotel Emperador, por favor.
Taxista: Ok, sr.
Juan: Qual a distância daqui?
Taxista: Uns quarenta minutos se o trânsito estiver bom. O sr. está na cidade a negócios?
Juan: Ah, sim. Eu vim para um congresso, mas eu pretendo me divertir um pouco também.
Taxista: Claro, sr. Há muito para se fazer aqui.
Juan: Quanto pela corrida?
Taxista: 45 pesos.
Juan: Ok. Aqui está. Fique com o troco.
Taxista: Obrigado, sr. Vou pegar sua bagagem. Aqui está. Tenha uma boa estadia .
Juan: Obrigado. Tchau.
» Veja a versão em espanhol desse diálogo na p. 31

FAZENDO O CHECK-IN NO HOTEL

Recepcionista: Posso ajudar sr.?
Sr. García: Sim. Eu tenho uma reserva em nome de García, Antonio García.
Recepcionista: Só um minuto sr. Aqui está, sr. García. O sr. vai ficar seis dias, certo?
Sr. García: Isso mesmo.
Recepcionista: O sr. pode preencher este formulário, por favor?
Sr. García: Claro.

Recepcionista: O sr. vai ficar no quarto 201. Vou pedir para o carregador levar sua bagagem até o quarto.

Sr. García: Obrigado. A propósito, vocês têm serviço de despertador?

Recepcionista: Sim sr. Que horas o sr. gostaria de ser acordado?

Sr. García: Às sete e meia seria ótimo. Só mais uma pergunta, que horas é o check-out?

Recepcionista: Meio-dia sr.

Sr. García: Ok, muito obrigado.

Recepcionista: Não há de que, sr.!

» Veja a versão em espanhol desse diálogo na p. 33

VIAJANDO PARA O EXTERIOR

José: Você tem viajado bastante, não é? Quantos países você já visitou?

Miguel: Acho que uns dezessete. Mas ainda não estive no Peru.

José: O que você normalmente gosta de fazer quando chega a um novo país?

Miguel: Conhecer todos os pontos turísticos... e também experimentar a comida local.

José: Parece interessante!

» Veja a versão em espanhol desse diálogo na p. 37

TEM UMA AGÊNCIA DO CORREIO AQUI PERTO?

Turista: Desculpe. Tem uma agência do correio aqui perto?

Transeunte 1: Sinto muito, não posso lhe ajudar. Não conheço o bairro. Por que você não pergunta àquele jovem ali?

Turista: Obrigado.

Turista: Com licença. Você sabe se tem uma agência do correio aqui perto?

Transeunte 2: Ah, sim. Tem uma no próximo quarteirão. É só ir reto, fica a sua esquerda, não tem como errar.

Turista: Obrigado! Também preciso ir a um banco. Tem algum aqui perto?

Transeunte 2: O mais próximo fica na Rua Junín. Você pode virar à direita na próxima esquina, andar um quarteirão e virar à direita de novo.

Turista: Muito obrigado.

Transeunte 2: Não há de quê!

» Veja a versão em espanhol desse diálogo na p. 39

ALUGANDO UM CARRO

Atendente da locadora: Bom dia sr. Em que posso ajudá-lo?

Turista: Gostaríamos de alugar um carro por uma semana.

Atendente da locadora: Claro. De que país o sr. é?

Turista: Brasil.

Atendente da locadora: Ok. Posso ver a sua carteira de motorista?

Turista: Claro. Aqui está.

Atendente da locadora: Certo. Que tipo de carro o sr. tem em mente?

Turista: Um econômico. Não precisamos de um porta-malas grande, porque somos apenas eu e a minha esposa e não temos muita bagagem. A propósito, o seguro vem incluso?
Atendente da locadora: Sim, o carro já vem com seguro incluso, mas no caso de acidente ou danos, o senhor tem que pagar a franquia.
Turista: Vocês tem algum seguro sem franquia?
Atendente da locadora: Sim, mas nesse caso o senhor terá que pagar uma taxa adicional.
» Veja a versão em espanhol desse diálogo na p. 41

PROBLEMAS COM O CARRO

Martín: Qual é o problema?
Juan: Não faço a mínima idéia. Simplesmente não pega.
Martín: Quer que eu dê uma olhada?
Juan: Claro.
Martín: Parece haver algo errado com a injeção eletrônica. Você teve problemas com ela recentemente?
Juan: Na verdade, não. Estava tudo funcionando bem até agora.
Martín: Bom, é melhor você chamar um mecânico.
» Veja a versão em espanhol desse diálogo na p. 43

TRÂNSITO RUIM

Néstor: Odeio dirigir neste trânsito congestionado.
Jaime: Eu também, mas é sempre assim na hora do rush.
Néstor: E se a gente pegar as ruas laterais? Acho que o tráfego está melhor por lá.
Jaime: Ok. Vamos tentar. Você conhece algum atalho?
Néstor: Acho que conheço um. Vou virar à direita na próxima esquina.
» Veja a versão em espanhol desse diálogo na p. 45

COMPRANDO ROUPAS

Balconista: Posso ajudar?
Tomás: Sim. Estou procurando camisetas.
Balconista: Por aqui, por favor. Que tal estas?
Tomás: Não. Vocês têm camisas pólo?
Balconista: Temos. Deixa eu lhe mostrar algumas. Em que cor você estava pensando?
Tomás: Verde ou talvez azul. Não tenho certeza.
Balconista: Que tal esta azul claro?
Tomás: É bonita. Posso experimentar?
Balconista: Claro. Que tamanho você usa?
Tomás: Eu normalmente uso 3.
Balconista: Ok. Aqui está. Tem um provador ali.
Tomás: Obrigado.
(Alguns minutos depois...)
Balconista: Como ficou o tamanho?

Tomás: Acho que está um pouco apertada. Você tem um tamanho maior?

Balconista: Deixa eu ver. Ok, aqui está.

Tomás: Obrigado.

(O cliente vai novamente ao provador. Alguns minutos depois...)

Tomás: Esta aqui ficou boa. Quanto é?

Balconista: 42 pesos. Na verdade ela está em liquidação agora. Custava 57 pesos semana passada.

Tomás: Ótimo! Vou levar.

Balconista: Bom! Precisa de mais alguma coisa?

Tomás: Não, hoje não. Vocês aceitam cartões de crédito?

Balconista: Claro!

» Veja a versão em espanhol desse diálogo na p. 46

UMA GRANDE LIQUIDAÇÃO

Catalina: Tem uma grande liquidação na Filomena's essa semana. Tudo está com pelo menos 20% de desconto.

Diana: Sério? Então não podemos perdê-la!

Catalina: Eu estava planejando ir lá na quinta à tarde. O que você acha?

Diana: Ótimo! Eu não vou fazer nada na quinta à tarde. O que você acha de eu lhe pegar por volta das quatro horas?

Catalina: Ótimo. Só não vamos nos entusiasmar e comprar mais do que realmente precisamos.

Diana: Bom, vamos ver...

» Veja a versão em espanhol desse diálogo na p. 48

SAINDO PARA SE DIVERTIR

Tomás: E aí, o que você está com vontade de fazer hoje à noite?

Laura: Não sei. Eu pensei que talvez nós pudéssemos ir ver uma peça.

Tomás: Ótimo. Deixa eu dar uma olhada no jornal e ver o que está passando. Vamos ver... Tem uma peça nova em cartaz no Teatro Dale. O nome é **Vidas separadas**.

Laura: Parece ser um drama. Você sabe que eu odeio dramas! O que mais está passando?

Tomás: Que tal **O espião que me traiu**? Tem uma crítica muito boa.

Laura: Que horas é?

Tomás: Vamos ver... Às 18 horas e tem uma outra seção às 21 horas.

Laura: Nós podíamos convidar a Sandra e o José para ir conosco.

Tomás: Ótima idéia. Por que você não liga para a Sandra e vê se eles não vão fazer nada hoje à noite?

Laura: Ok!

» Veja a versão em espanhol desse diálogo na p. 51

UM ÓTIMO FIM DE SEMANA

Teo: Como foi o seu fim de semana, Bubi?

Bubi: Ótimo!

Teo: Ah é? O que você fez?

Bubi: Bem, assisti um DVD hilário na sexta à noite. Morremos de rir.

Teo: Qual filme?

Bubi: La Nona.

Teo: Ah!, e o que mais você fez?

Bubi: Fomos ao clube e jogamos tênis no domingo de manhã, e demos um pulo na casa de uns amigos à tarde.

» Veja a versão em espanhol desse diálogo na p. 54

INDO AO CINEMA

Victoria: Você já assistiu o novo filme do James Bond?

Pati: Não. Você assistiu?

Victoria: Ainda não. Quer assistir hoje à noite? Está passando no shopping Arcos.

Pati: Claro. Adoro filmes de ação. Vamos comprar os ingressos pela internet.

Victoria: Ótima idéia!

» Veja a versão em espanhol desse diálogo na p. 55

O QUE TEM PARA O JANTAR?

Ricardo: O que tem para o jantar, querida?

Liliana: Pizza, eu acho...

Ricardo: Ah não. De novo! Estou cheio de pizza e sanduíches. Será que podemos comer uma refeição de verdade para variar?

Liliana: Ok. Por que nós não saimos para jantar então? Podíamos experimentar aquele restaurante novo que abriu virando a esquina.

Ricardo: Ótimo. Vamos.

» Veja a versão em espanhol desse diálogo na p. 56

NO RESTAURANTE

Garçom: Boa noite. Vocês estão prontos para fazer o pedido?

Samuel: Acho que sim. O que você quer comer, querida?

Ana: Quero apenas* uma salada de alface. Eu não estou com fome.

Samuel: Ok, uma salada de alface para ela e uma sopa de legumes para mim, para começar... O bife grelhado vem com o quê?

Garçom: Vem com arroz e legumes, sr.

Samuel: Ok. Vou querer um desses também.

Garçom: Certo. Uma salada de alface, uma sopa de legumes e o bife grelhado.

Garçom: O que vocês gostariam de beber?

Ana: Um suco de laranja para mim, por favor. Sem gelo.

Samuel: Vou tomar uma cerveja.

Garçom: Ok. Um suco de laranja e uma cerveja.

Samuel: Ah, você pode nos trazer pão, por favor?

Garçom: Claro. Volto já com suas bebidas.

Samuel: Obrigado.

» *Veja "Guia de referência gramatical 19: Mientras (tanto) x en cuanto x apenas x todavía", p. 211

» Veja a versão em espanhol desse diálogo na p. 57

UMA FESTA DE ANIVERSÁRIO

María: Fico contente que tenha conseguido vir.

Felipe: Não perderia essa festa por nada neste mundo.

María: Vamos entrando. Deixe-me pegar seu casaco.

Felipe: Onde está o Hector?

María: Ele está na cozinha, fatiando o pão.

Felipe: Desde quando ele ajuda você na cozinha?

María: Bom, na verdade ele não ajuda!

Felipe: E então, onde está o nosso aniversariante?

María: Lá, na outra sala, com os amigos.

Felipe: Isto é para o Pepe. Se não servir, pode trocar.

María: Oh, ele vai adorar! Por que você mesmo não entrega para ele?

Felipe: Claro, deixa só eu dar um oi para o pessoal aqui primeiro.

» Veja a versão em espanhol desse diálogo na p. 61

UM ÓTIMO LUGAR PARA PASSAR AS FÉRIAS

Federico: Você vai sair de férias em alguns dias, não é?

Sergio: É verdade. Mal posso esperar até a próxima semana. Preciso mesmo tirar alguns dias de folga e relaxar.

Federico: Você está planejando viajar?

Sergio: De fato estou. Minha esposa tem uma irmã que mora em Cuzco, e vamos visitá-la.

Federico: Cuzco! Fica no Peru, não é?

Sergio: Sim, perto de Machu Pichu, onde estão as ruínas de uma antiga cidade incaica. E como eu e a minha esposa gostamos muito de história, vamos aproveitar para conhecê-las de perto.

Federico: Que aventura! Espero que vocês se divirtam bastante.

Sergio: Tenho certeza que sim. Obrigado!

» Veja a versão em espanhol desse diálogo na p. 63

UMA VISITA AO MÉDICO

Doutor: Boa tarde. Qual é o problema?

Federico: Eu tenho tido dores de cabeça constantes e às vezes sinto tontura.

Doutor: Você mudou a sua dieta de alguma forma?

Federico: Não.

Doutor: E o trabalho? Você tem trabalhado mais do que o normal nos últimos dias?

Federico: Bom, eu não tenho trabalhado mais do que o normal, mas tenho estado bastante estressado ultimamente.

Doutor: Deixe-me examiná-lo. Você pode tirar a camisa e deitar-se na cama, por favor?
(Alguns minutos depois...)
Doutor: Parece estar tudo bem. Preciso que você faça um exame de sangue. Por ora tome uma aspirina quando você tiver dor de cabeça. Não deve ser nada sério.
» Veja a versão em espanhol desse diálogo na p. 65

SENTINDO-SE DOENTE

Sergio: Ei Felipe! Qual o problema? Você não está se sentindo bem?
Felipe: Bom, este não é um dos meus melhores dias, se você quer saber a verdade. Eu estou com dor de cabeça desde ontem à noite e agora sinto vontade de vomitar.
Sergio: Oh, cara! Isso é péssimo. Há alguma coisa que eu possa fazer?
Felipe: Acho que não. Obrigado, de qualquer maneira. Tenho tomado aspirinas desde ontem à noite, mas elas não têm ajudado muito.
Sergio: Você acha que é por causa de alguma coisa que você comeu?
Felipe: Não sei. Não comi nada diferente ultimamente, mas pode ser... Se eu não me sentir melhor nas próximas horas acho que vou ao médico.
Sergio: Acho que você deveria fazer isso.
» Veja a versão em espanhol desse diálogo na p. 67

É MELHOR VOCÊ FAZER REGIME!

Gregorio: Puxa! Não acredito que engordei dois quilos e meio em apenas* uma semana.
Simón: Esse é o preço que você paga por comer porcaria.
Gregorio: Eu sei. Preciso mesmo fazer um regime.
Simón: Você também deveria se exercitar com mais frequência. Quase não vejo você malhando ultimamente. De qualquer forma, não deixe de ir ao médico antes de começar qualquer regime.
» *Veja "Guia de referência gramatical 19: Mientras (tanto) x en cuanto x apenas x todavía", p. 211
» Veja a versão em espanhol desse diálogo na p. 69

NO DENTISTA

Dentista: E então, qual é o problema?
Paciente: Um dos meus dentes tem me incomodado há algum tempo.
Dentista: Talvez você tenha uma cárie. Quando foi a última vez que você consultou um dentista?
Paciente: Acho que há uns três anos. O problema é que eu entro em pânico quando escuto o motorzinho.
Dentista: Não se preocupe, você não vai sentir nada. Apenas* feche os olhos e relaxe.
Paciente: Vou tentar.
» *Veja "Guia de referência gramatical 19: Mientras (tanto) x en cuanto x apenas x todavía", p. 211
» Veja a versão em espanhol desse diálogo na p. 70

MANTENDO-SE EM FORMA

Juan: Ei, você parece estar em forma!

Gustavo: É. Tenho me exercitado com regularidade há algum tempo.

Juan: Com que freqüência você malha na academia?

Gustavo: Pelo menos três vezes por semana, mas eu também corro todas as manhãs.

Juan: Ah é? Que bom. Gostaria de ter tempo para fazer isso também.

Gustavo: Bom, você precisa arrumar tempo. Eu também usava a mesma desculpa. Lembre-se de como é importante ter um estilo de vida saudável.

Juan: Acho que você tem razão!

» Veja a versão em espanhol desse diálogo na p. 71

DICAS DE UM PERSONAL TRAINER

Antonio: Eu me sinto fora de forma. Preciso realmente começar um programa de exercícios. O que você recomendaria?

Personal trainer: Bom, se você não se exercita há muito tempo, a melhor coisa a fazer é um check-up com um médico primeiro.

Antonio: Certo. Eu estava pensando em fazer isso.

Personal trainer: Bom. Se estiver tudo bem com o seu exame médico então você pode, aos poucos, começar um programa de exercícios. Você gosta de correr?

Antonio: Gosto. O único problema é que eu fico bastante cansado após apenas alguns minutos.

Personal trainer: Claro que fica. Você não está em forma. Precisa começar devagar e gradualmente aumentar o ritmo.

» Veja a versão em espanhol desse diálogo na p. 72

UM NOVO LUGAR PARA MORAR

Helena: E então, ouvi dizer que vocês vão se mudar.

Silvia: Vamos! Encontramos um apartamento muito bom a apenas um quarteirão daqui. É perfeito! Tem um dormitório extra e uma sala de estar maior.

Helena: Vocês precisavam de um pouco mais de espaço, não é?

Silvia: É verdade. Já não tínhamos espaço para mais nada.

Helena: Que bom que vocês vão ficar no mesmo bairro.

Silvia: Ah é. Estamos tão acostumados com a vizinhança que não podíamos nos imaginar morando em qualquer outro lugar.

Helena: Me avise se precisar de ajuda com a mudança. Você sabe que o Jaime tem uma picape.

» Veja a versão em espanhol desse diálogo na p. 75

MEU AFAZER DOMÉSTICO PREFERIDO

Pablo: Então, você ajuda a sua esposa com o trabalho doméstico, não é?

David: Claro. Eu tento fazer o máximo que eu posso. Na verdade o meu afazer doméstico preferido é lavar os pratos.

Pablo: Vocês têm uma empregada?

David: Não, não temos. Temos uma faxineira que vem duas vezes por semana para limpar a casa e lavar as roupas.

Pablo: É uma boa ajuda!

David: É. Você sabe, minha esposa trabalha meio período e nós temos três filhos. Ela já não tem tempo para mais nada.

Pablo: Eu sei o que você quer dizer!

» Veja a versão em espanhol desse diálogo na p. 77

VOCÊ SEMPRE MOROU EM UM APARTAMENTO?

Leonor: Você sempre morou em apartamento?

Lucas: Ah não. Eu morava em uma casa grande no subúrbio antes de me casar.

Leonor: Então foi uma grande mudança para você.

Lucas: Foi bem difícil no começo, sabe, eu estava acostumado com muito mais espaço, mas já me acostumei agora.

Leonor: Você acha que há alguma vantagem em morar em apartamento?

Lucas: Bom, há vantagens e desvantagens, como tudo na vida. Acho que uma das grandes vantagens é a segurança. Quando viajamos precisamos apenas trancar uma porta e é só. Sem mais preocupações!

» Veja a versão em espanhol desse diálogo na p. 79

PROBLEMAS COM O APARTAMENTO

Esteban: Estou ficando cansado de morar nesse apartamento.

Norberto: Qual o problema?

Esteban : Bom, pra começo de conversa, a pia da cozinha está sempre entupida.

Norberto: Você já pediu para um encanador dar uma olhada?

Esteban: Já, duas vezes! Mas alguns dias depois que ela é consertada começa tudo de novo.

Norberto: Esse apartamento é velho mesmo.

Esteban: Eu sei. E tem algo errado com o ralo do banheiro também.

Norberto: Vou ser sincero com você. Se eu estivesse no seu lugar eu começaria a procurar outro apartamento.

» Veja a versão em espanhol desse diálogo na p. 80

VIDA FAMILIAR

Malena: E então Federico, você tem uma família grande?

Federico: Tenho. Dois irmãos e uma irmã gêmea.

Malena: Uma irmã gêmea, que interessante!

Federico: É, mas na verdade nós não somos muito parecidos.

Malena: Você vê todos eles com freqüência?

Brian: Não. Um dos meus irmãos vive longe e eu só o encontro uma vez por ano. Eu vejo o meu outro irmão e irmã com mais freqüência. De qualquer maneira, a família inteira se reúne pelo menos uma vez por ano, normalmente no Natal.

» Veja a versão em espanhol desse diálogo na p. 81

DOIS AMIGOS FALANDO SOBRE TRABALHO

Ernesto: Qual é o problema? Você parece chateado.
Luis: Estou mesmo. Estou cansado de fazer as mesmas coisas chatas no trabalho dia após dia. Você sabe, preencher formulários e outras coisas.
Ernesto: Já pensou em procurar um outro emprego?
Luis : Claro. Ultimamente tenho dado uma olhada nos anúncios de emprego do jornal.
Ernesto: Que tipo de emprego você tem em mente?
Luis: Não sei. Algo mais desafiador. Só estou cansado da mesma rotina de trabalho o dia inteiro.
Ernesto: Eu sei o que você quer dizer.
» Veja a versão em espanhol desse diálogo na p. 83

VOCÊ PRECISA DIMINUIR O RITMO!

Rafael: Você está pálido. Está se sentindo bem?
Diego: Não mesmo.
Rafael: Por que não tira uma folga o resto do dia e relaxa?
Diego: Acho que vou fazer isso. Tenho andado muito estressado ultimamente.
Rafael: Às vezes precisamos diminuir o ritmo, você sabe...
Diego: Acho que você tem razão! Obrigado.
» Veja a versão em espanhol desse diálogo na p. 84

UMA ENTREVISTA DE EMPREGO

Entrevistador: Então, eu vi no seu currículo que você trabalha com publicidade há mais de dez anos.
Entrevistado: É verdade. Eu comecei a trabalhar com publicidade assim que me formei na faculdade.
Entrevistador: O que você mais gosta em publicidade?
Entrevistado: Bom, eu gosto principalmente da parte criativa. Desde que eu era criança, sempre gostei de bolar logotipos e slogans.
Entrevistador: E por que você gostaria de trabalhar conosco?
Entrevistado: Eu sinto que, com minha experiência na área, poderia certamente contribuir com idéias para novos produtos e campanhas de publicidade.
Entrevistador: Você sabe que nós fabricamos guinchos. Você está familiarizado com essa linha de produtos?
Entrevistado: Na verdade eu nunca trabalhei com guinchos, mas tenho certeza que posso aprender tudo a respeito do assunto em pouco tempo. Além disso, seria um desafio trabalhar com um novo produto.
Entrevistador: Entendo...
» Veja a versão em espanhol desse diálogo na p. 85

O QUE VOCÊ ACHA DO NOVO PRODUTO?

Martín: E então, o que você acha do novo produto?

Ricardo: Acho ótimo. A fragrância é sem igual. Há um grande mercado para esse tipo de perfume. Tenho certeza que vai agradar todas as mulheres.

Martín: Eu estou realmente entusiasmado. Como você acha que deveríamos promovê-lo?

Ricardo: Bom, para começar, acho que deveríamos colocar alguns anúncios em revistas e talvez até em outdoors.

Martín: Concordo. Mal posso esperar a nossa reunião com a equipe de marketing.

» Veja a versão em espanhol desse diálogo na p. 91

VOCÊ PODE PEDIR PARA ELE RETORNAR A LIGAÇÃO?

Recepcionista: Viacom Internacional, Helena falando, bom dia!

Pablo: Bom dia. Eu poderia falar com o Sr. Fernández, por favor?

Recepcionista: Só um momento. Eu vou transferir o sr. para a secretária dele.

Pablo: Obrigado.

Secretária: Alô.

Pablo: Oi. Posso falar com o Sr. Fernández, por favor?

Secretária: O sr. pode esperar? Ele está atendendo outra pessoa na outra linha.

Pablo: Ok.

(Alguns minutos depois...)

Secretária: Ele ainda está ocupado. O senhor gostaria de deixar recado?

Pablo: Ah, sim, por favor. Meu nome é Pablo Hernández. Você pode pedir para ele retornar a ligação?

Secretária: Claro. Ele tem o seu telefone, sr.?

Pablo: Acho que sim, mas deixe eu passar novamente só para garantir. É 372-0984.

Secretária: 3-7-2-0-9-8-4.

Pablo: Isso mesmo. Obrigado!

Secretária: Não há de que sr.

» Veja a versão em espanhol desse diálogo na p. 95

O DINHEIRO MOVIMENTA O MUNDO

Javier: Às vezes fico pensando sobre o futuro do dinheiro.

Lucio: O que você quer dizer?

Javier: Se o dinheiro algum dia vai desaparecer, notas e moedas, e se alguma outra coisa vai substitui-las.

Lucio: Bom, um número cada vez maior de pessoas tem usado apenas cartões de crédito ultimamente.

Javier: Esta é sem dúvida uma tendência, mas eu acho que alguma outra coisa vai acontecer. Com todos os novos dispositivos tecnológicos que estão sendo criados atualmente, nós provavelmente lidaremos com o dinheiro de uma forma eletrônica daqui a alguns anos.

Lucio: É, isso deve mesmo acontecer, mas de qualquer modo o dinheiro sempre terá um papel importante em nossas vidas Você sabe, o dinheiro movimenta o mundo.

» Veja a versão em espanhol desse diálogo na p. 98

SEM TEMPO PARA PASSAR EM UM CAIXA ELETRÔNICO

Teodoro: Ei Marcos. Você pode me emprestar vinte pesos?

Marcos: Claro. Para que você precisa?

Teodoro: Conto mais tarde. Estou com pressa agora e não tenho tempo para passar em um caixa eletrônico para pegar dinheiro. Devolvo para você amanhã.

Marcos: Sem problemas!

» Veja a versão em espanhol desse diálogo na p. 98

UM NOVO NAMORADO

Perla: Você está diferente. Na verdade, você parece mais alegre, o que está acontecendo?

Carolina: É tão óbvio assim?

Perla: O quê? Não sei do que você está falando.

Carolina: Bom, conheci um cara novo.

Perla: Ah, ótimo! É por isso então! Um novo namorado! Me conta, como ele é?

Carolina: Ele tem altura mediana, não é gordo nem magro, tem cabelo castanho claro e olhos verdes. Olha, eu tenho uma foto dele no meu celular.

Perla: Uau, ele é bonitinho! Acho que você tem sorte mesmo!

Carolina: Eu sei.

Perla: Quantos anos ele tem?

Carolina: Dezenove. Ele vai fazer vinte no próximo mês.

Perla: Bom para você!

» Veja a versão em espanhol desse diálogo na p. 101

AS SEPARAÇÕES SÃO SEMPRE DIFÍCEIS!

Sandra: Você parece arrasada! Qual é o problema?

Zulma: Terminei com o Jorge. É por isso.

Sandra: O que aconteceu? Por que vocês se separaram?

Zulma: Bom, para começar, ele mentiu para mim várias vezes. Eu também descobri que ele tem saído com a Julia, você sabe, a bonitinha da escola. Foi a gota d'água!

Sandra: Puxa. Não sei o que lhe dizer. Já passei por isso. Você tem certeza que não podem dar um jeito?

Zulma: Absoluta.

» Veja a versão em espanhol desse diálogo na p. 104

CONVIDANDO UMA COLEGA DE TRABALHO PARA JANTAR

Tomas: Você vai fazer alguma coisa hoje à noite?

Julia: Não, na verdade não. Por quê?

Tomas: Bom, eu pensei que talvez nós pudéssemos jantar em algum lugar.

Julia: Jantar!? Humm, qual é a ocasião?

Tomas: Nenhuma. É que a gente já se conhece há tanto tempo. Não sei... Gostaria de conhecer você melhor.

Julia: Bom, eu adoraria. Só gostaria de ir para casa depois do trabalho e me trocar.

Tomas: Sem problemas. Posso pegar você mais tarde na sua casa se quiser.
Julia: Seria ótimo!
» Veja a versão em espanhol desse diálogo na p. 106

FICA PARA A PRÓXIMA

Nicolás: Ok. Por hoje chega.
Tito: Bom. O que você acha de irmos tomar um drinque no bar da esquina?
Nicolás: Fica para a próxima. Estou me sentindo muito cansado. Só quero ir para casa e relaxar.
Tito: Ah, vamos, não são nem 18 horas. A gente fica no bar só uma meia hora. Vai fazer bem a você.
Nicolás: Bom, para ser sincero, eu também estou com um pouco de dor de cabeça. Nós vamos amanhã, eu prometo!
Tito: Ok, você venceu!
» Veja a versão em espanhol desse diálogo na p. 107

VOCÊ DEVERIA SAIR COM MAIS FREQÜÊNCIA

Daniel: Miguel, e aí? Você não parece muito bem.
Miguel: Não estou.
Daniel: Qual é o problema?
Miguel: Acho que não me divirto há muito tempo. É só trabalho, trabalho, trabalho...
Daniel: O que é isso, você deveria sair com mais freqüência e conhecer pessoas novas.
Miguel: Eu sei que deveria. É que eu tenho trabalhado tanto ultimamente que quase não tenho tempo para mais nada.
Daniel: Escuta, que tal irmos a uma boate hoje à noite?
Miguel: Uma boate? Não sei, estou me sentindo cansado e...
Daniel: Sem desculpas. Eu passo para pegar você às nove horas. Esteja pronto! Talvez possamos comer uma pizza no caminho.
» Veja a versão em espanhol desse diálogo na p. 108

ACHO QUE LHE DEVO DESCULPAS

Hugo: Posso falar com você um minuto?
Ester: Ok, desembucha!
Hugo: Acho que lhe devo desculpas pelo o que eu disse ontem.
Ester: Bom, se você quer saber a verdade, fiquei mesmo chateada com o que você disse ontem à noite.
Hugo: Eu sei, não deveria ter sido tão desagradável. Sinto muito mesmo pelo o que eu disse, não quis dizer aquilo. Você acha que pode me perdoar?
Ester: Todos nós erramos, não se preocupe.
Hugo: Sem ressentimentos, então, certo?
Ester: Está tudo bem. Esquece.
» Veja a versão em espanhol desse diálogo na p. 109

É POR ISSO QUE EU ADORO ESTE LUGAR!

Gustavo: Olha só aquela gata linda ali.
José: Nossa. Ela é mesmo linda demais, né?
Gustavo: Essa boate está cheia de garotas bonitas.
José: Eu sei! É por isso que eu adoro este lugar!
Gustavo: Bom, eu só espero que tenhamos sorte hoje à noite! Espero realmente me dar bem.
José: Eu também cara! Eu também.
» Veja a versão em espanhol desse diálogo na p. 110

UMA ROTINA DIÁRIA

Juana: Como é a tua rotina diária, Miguel?
Miguel: Bem...eu sempre levanto às 7 horas, tomo um banho, tomo o café-da-manhã e saio para trabalhar às 8 horas.
Juana: E a que horas você normalmente chega no escritório?
Miguel: Por volta das 8h30, se o trânsito estiver bom.
Juana: Você lê o jornal todos os dias?
Miguel: Não. Só leio o jornal nos fins de semana para me colocar a par das notícias, mas assisto o noticiário noturno com freqüência.
Juana: Então você não vai dormir cedo, né?
Miguel: Por volta da meia-noite.
Juana: Você não se sente cansado de manhã?
Miguel: Não mesmo. Sete horas de sono bastam para mim.
» Veja a versão em espanhol desse diálogo na p. 113

A VIDA NO BRASIL E NA ESPANHA

Jaume: Você sabia que hoje faz seis meses que eu cheguei no Brasil?
Marco: E como você se sente?
Jaume: Ótimo! Eu quero ficar aqui por um bom tempo.
Marco: E você não sente saudades, por exemplo, da comida da sua terra?
Jaume: Sim, às vezes. Aqui as comidas e os horários das refeições são muuuiiito diferentes.
Marco: Como assim?
Jaume: Aqui as pessoas comem muito mais arroz e feijão do que na Espanha. E no meu país ninguém almoça nem janta tão cedo quanto aqui.
Marco: Mas você gosta da comida brasileira?
Jaume: Adoro. É bem diferente da espanhola... e eu acho que é muito mais exótica...
» Veja a versão em espanhol desse diálogo na p. 114

ESTÁ QUENTE AQUI DENTRO!

Alejandro: Puxa, está quente aqui dentro! Posso ligar o ar condicionado?
Marcelo: Seria bom se pudéssemos, mas está quebrado.
Alejandro: Ah não, não acredito!
Marcelo: Disseram que vão consertar logo.

Alejandro: Gostaria de poder nadar hoje!
Marcelo: Eu também. Talvez eu faça isso mais tarde.
» Veja a versão em espanhol desse diálogo na p. 115

SENTINDO-SE CANSADO

Juan Carlos: Estou morto. Podemos ir para casa?
Ruth: Tem mais uma coisa que eu preciso comprar.
Juan Carlos: O que é?
Ruth : Sapatos, lembra-se? Eu quero dar uma olhada na nova loja de calçados.
Juan Carlos: Se importa se eu esperar você na cafeteria?
Ruth: Ah, puxa, querido. Você sabe que eu preciso da sua opinião. Eu me sinto tão melhor quando você me diz que alguma coisa fica bonita em mim.
Juan Carlos: Tudo bem! Você venceu. Vamos lá, mas não vamos demorar, ok?
Ruth: Não se preocupe!
» Veja a versão em espanhol desse diálogo na p. 116

UM DIA DURO

Matías: Você parece meio chateado.
Javi: Tive um dia duro.
Matías: O que aconteceu?
Javi: Bom, para começar um pneu do meu carro furou cedinho de manhã quando eu estava indo para o trabalho. Mas não foi só isso!
Matías: O que mais aconteceu?
Javi: Quando eu finalmente cheguei ao escritório, percebi que tinha deixado a minha pasta com alguns relatórios importantes em casa.
Matías: Então você teve que voltar para casa para pegá-la?
Javi: Isso mesmo. E adivinha o que aconteceu quando eu estava voltando para o escritório?
Matías: Não tenho a mínima idéia.
Javi: Por causa de uma batidinha o trânsito não andava e eu levei mais de uma hora para voltar até aqui. Como conseqüência, perdi a reunião com os vendedores.
Matías: Uau, parece que você realmente teve um dia duro!
» Veja a versão em espanhol desse diálogo na p. 117

VOCÊ PODE ME DAR UMA MÃO?

Fabián: Ei, Marco, você pode me dar uma mão?
Marco: Claro. O que você precisa que eu faça?
Fabián: Você pode me ajudar a mudar aquelas caixas de lugar?
Marco: Ok. Onde você quer colocá-las?
Fabián: Bem ali, perto da janela.
Marco: Certo. Vamos lá! Puxa! Elas estão pesadas. O que tem dentro delas?
Fabián: A maior parte é papel.
» Veja a versão em espanhol desse diálogo na p. 118

OBRIGADO PELA CARONA!

Rodolfo: Ei Esteban! Para onde você está indo?
Esteban: Rodolfo! Mundo pequeno. Estou indo para a cidade.
Rodolfo: É o seu dia de sorte! Estou indo para lá também. Entre!
Esteban: Ótimo! Obrigado pela carona Rodolfo, agradeço sua ajuda.
Rodolfo: Você é sempre bem-vindo Esteban!
» Veja a versão em espanhol desse diálogo na p. 118

COMO ERA A VIDA ANTES DOS COMPUTADORES

Facundo: Você pode imaginar como era a vida antes dos computadores?
Gregorio: Bem difícil, eu imagino. Meu avô tem uma velha máquina de escrever. Eu não consigo acreditar que as pessoas as usavam. Não dá para compará-las com os processadores de texto atuais. Os computadores tornaram a vida de todos muito mais fácil.
Facundo: É. Imagine como seria a vida sem e-mail.
Gregorio: Eu envio e recebo e-mails todos os dias. Não consigo imaginar minha vida sem eles. Acho que somos uma geração de sorte afinal. A vida é tão mais fácil agora.
Facundo: Bom, não tenho tanta certeza assim. Há sempre alguma desvantagem em tudo, você sabe. Por causa de tantos dispositivos tecnológicos hoje em dia as pessoas trabalham muito mais do que antes.
Gregorio: É verdade. Se você tiver um laptop os e-mails lhe seguirão aonde quer que você vá e as ligações telefônicas também, se você tiver um celular!
» Veja a versão em espanhol desse diálogo na p. 121

E SE VOCÊ NÃO FOSSE UM WEBDESIGNER?

Betina: E então, o que você gostaria de ser se não fosse um webdesigner?
León: Puxa! Não sei. Não consigo me imaginar fazendo outra coisa. Talvez eu pudesse ter sido um veterinário, eu adoro animais.
Betina: Sério? Você tem algum bicho de estimação?
León: Claro, eu tenho dois cachorros e um gato.
Betina: E é você que cuida deles, certo?
León: Ah, sim. Minha esposa não é muito chegada em animais, então sou eu quem normalmente alimenta e cuida deles.
» Veja a versão em espanhol desse diálogo na p. 124

ELE ME PARECE UM CARA PROFISSIONAL

Gabriel: E então, o que você acha do novo funcionário no escritório?
Andrés: Acho que ele está se saindo bem. Ele me parece um cara profissional.
Gabriel: Há quanto tempo ele está na empresa?
Andrés: Há umas cinco semanas, eu acho.
Gabriel: Sério? O tempo passa rápido mesmo.
» Veja a versão em espanhol desse diálogo na p. 125

PRECISO DO SEU CONSELHO SOBRE ALGO

Ángel: Você tem um minuto?

Juanjo: Claro. Quais são as novidades?

Ángel: Não há muitas. Eu só queria conversar com você sobre algo. Na verdade eu preciso do seu conselho sobre uma coisa.

Juanjo: Sou todo ouvidos. Pode falar!

Ángel: Você sabe que estou prestes a acabar o colegial e que eu estava planejando estudar direito, como o meu pai.

Juanjo: Sim, você sempre quis ser um advogado, como o seu pai.

Ángel: Bom, esse é o ponto. Eu não tenho mais tanta certeza.

» Veja a versão em espanhol desse diálogo na p. 126

POSSO FALAR COM O GERENTE, POR FAVOR?

Atendente da loja: Bom dia! Como posso ajudar, sra.?

Helena: Gostaria de falar com o gerente, por favor.

Atendente da loja: Claro, talvez eu possa ajudar se a sra. me disser qual é o assunto.

Helena: Bom, eu comprei este liquidificador aqui ontem e fiquei surpresa ao descobrir, hoje de manhã, que ele não está funcionando direito.

Atendente da loja: A sra. tem o recibo?

Helena: Claro, está aqui.

Atendente da loja: Ok, sra., sem problemas. A sra. prefere trocá-lo por um outro ou receber o dinheiro de volta?

Helena: Eu queria um outro, claro. Eu realmente preciso de um liquidificador novo, é por isso que vim aqui comprá-lo ontem.

Atendente da loja: Tudo bem. Só um minuto. Vou pegar um novo para a sra.

Helena: Obrigado. Agradeço sua ajuda!

» Veja a versão em espanhol desse diálogo na p. 127

POR MIM TUDO BEM!

Pepe: Que tal dar um pulo na casa do Sergio hoje à noite? Nós não o vemos há muito tempo.

Guille: Acho bom. Gostaria de saber o que ele anda aprontando.

Pepe: Às 19 horas é um horário bom para você?

Guille: Pode ser um pouco mais tarde, às 20 horas?

Pepe: Claro. Você quer que eu lhe pegue?

Guille: Seria ótimo. Ei, nós podíamos ir todos comer alguma coisa no Pipo. O que você acha?

Pepe: Por mim tudo bem! Tenho certeza que o Sergio vai gostar da idéia também. Ele adora hambúrguer. Vejo você às 20 horas, então.

» Veja a versão em espanhol desse diálogo na p. 128

NOVOS TEMPOS, NOVOS TRABALHOS

Fede: Como você vê o mundo daqui a vinte anos?

Norbi: Puxa, é meio difícil imaginar. As coisas têm mudado tão rápido hoje em dia.

Fede: Você acha que as pessoas não vão mais se locomover até o trabalho?

Norbi: Bom, eu acho que muitas pessoas vão trabalhar em casa. Eu tenho alguns amigos que já fazem isso.

Fede: E os trabalhos? Você acha que alguns deles vão desaparecer?

Norbi: Tenho certeza que alguns vão. Veja por exemplo os alfaiates. Quase não se vê mais alfaiates.

Fede: É verdade. Por outro lado a tecnologia fez surgir novos trabalhos, como por exemplo os webdesigners!

» Veja a versão em espanhol desse diálogo na p. 129

VII. GUIA DE ÁUDIO: FAIXA E PÁGINA
PISTA Y PÁGINA

Pista 1: Rompiendo el hielo p. 13
Pista 2: Creo que no conoces a mi amiga... p. 14
Pista 3: Hablando del tiempo p. 21
Pista 4: Haciendo reservas en un hotel p. 25
Pista 5: En el aeropuerto: Facturación p. 26
Pista 6: En el avión p. 28
Pista 7: Tomando un taxi del aeropuerto al hotel p. 31
Pista 8: Registrándose en el hotel p. 33
Pista 9: Viajando al exterior p. 37
Pista 10: ¿Hay un correo aquí cerca? p. 39
Pista 11: Alquilando un auto p. 41
Pista 12: Problemas con el auto p. 43
Pista 13: ¡Qué tránsito! p. 45
Pista 14: Comprando ropa p. 46
Pista 15: Una gran liquidación p. 48
Pista 16: Saliendo a divertirse p. 51
Pista 17: Un fin de semana fantástico p. 54
Pista 18: Yendo al cine p. 55
Pista 19: ¿Qué hay para la cena? p. 56
Pista 20: En el restaurante p. 57
Pista 21: Una fiesta de cumpleaños p. 61
Pista 22: Un excelente lugar para pasar las vacaciones p. 63
Pista 23: En el consultorio médico p. 65
Pista 24: Sintiéndose mal p. 67
Pista 25: Te sugiero hacer régimen p. 69
Pista 26: En el dentista p. 70
Pista 27: Mantenerse en forma p. 71
Pista 28: Consejos de un entrenador personal p. 72
Pista 29: Un nuevo lugar para vivir p. 75
Pista 30: Mis tareas domésticas preferidas p. 77
Pista 31: ¿Siempre has vivido en un departamento? p. 79
Pista 32: Problemas en el departamento p. 80
Pista 33: Vida familiar p. 81
Pista 34: Dos amigos hablan de trabajo p. 83
Pista 35: ¡Necesitas disminuir el ritmo! p. 84
Pista 36: Una entrevista de trabajo p. 85
Pista 37: ¿Que opinas del nuevo producto? p. 91

Pista 38: ¿Puede pedirle que me llame? p. 95

Pista 39: El dinero hace girar el mundo p. 98

Pista 40: Sin tiempo para pasar por un cajero automático p. 98

Pista 41: Un nuevo novio p. 101

Pista 42: ¡Las separaciones siempre son difíciles! p. 104

Pista 43: Invitando a un compañero de trabajo a cenar p. 106

Pista 44: Quedamos para otro día p. 107

Pista 45: Deberías salir con más frecuencia p. 108

Pista 46: Creo que te debo una explicación p. 109

Pista 47: ¡Es por eso que me encanta este lugar! p. 110

Pista 48: La rutina diaria p. 113

Pista 49: La vida en Brasil y en España p. 114

Pista 50: ¡Qué calor hace aquí dentro! p. 115

Pista 51: Sintiéndose cansado p. 116

Pista 52: Un día difícil p. 117

Pista 53: ¿Me puedes dar una mano? p. 118

Pista 54: Gracias por traerme p. 118

Pista 55: ¿Cómo era la vida antes de las computadoras? p. 121

Pista 56: ¿Y si no fueras webdesigner? p. 124

Pista 57: Me parece un tipo profesional p. 125

Pista 58: Necesito tu consejo sobre un asunto p. 126

Pista 59: ¿Puedo hablar con el gerente, por favor? p. 127

Pista 60: ¡No tengo inconveniente! p. 128

Pista 61: Nuevos tiempos, nuevos empleos p. 129

BIBLIOGRAFIA

BOSQUE, Ignacio (director). **Redes. Diccionario combinatorio del español contemporáneo.** Madrid: SM. 2005.

CERROLAZA, O. **Diccionario Práctico de Gramática.** Madrid: Edelsa. 2005.

FANJUL, A. **Gramática y Práctica de Español para brasileños.** São Paulo: Santillana. 2006.

Guía de Conversação Langenscheidt – Espanhol. São Paulo: Martins Fontes. 1999.

IGREJA, J.R. **Fale tudo em Inglês!** São Paulo: Disal Editora. 2007.

MATTE BON, F. **Gramática Comunicativa del Español.** Madrid: Edelsa. 1995

MELONE, E. & L. Menon. **Tiempo Español: Lengua y Cultura.** São Paulo: Atual Editora. 2007.

RODRIGUES MARTIN, I. **Espanhol Série Brasil.** São Paulo: Editora Ática. 2003

Real Academia Española. Diccionario de la Lengua Española (Vigésima segunda edición). 2001.

Real Academia Española & Asociación de Academias de la Lengua Española. Diccionario Panhispánico de dudas. 2005.

Real Academia Española. Diccionario del Estudiante. 2005.

COMO ACESSAR O ÁUDIO

Todo o conteúdo em áudio referente a este livro, você poderá encontrar em qualquer uma das seguintes plataformas:

Ao acessar qualquer uma dessas plataformas, será necessário a criação de uma conta de acesso (poderá ser a versão gratuita). Após, pesquise pelo título completo do livro, ou pelo autor ou ainda por **Disal Editora**, localize o álbum ou a playlist e você terá todas as faixas de áudio mencionadas no livro.

Para qualquer dúvida, entre em contato com **marketing@disaleditora.com.br**

IMPORTANTE:
Caso você venha a encontrar ao longo do livro citações ou referências a CDs, entenda como o áudio acima indicado.

CONHEÇA TAMBÉM:

Acesse: www.disaleditora.com.br

Este livro foi composto na fonte Interstate e impresso em novembro de 2023
pela Paym Gráfica Editora Ltda., sobre papel offset 75g/m^2.